Portugese Smaakexplosie

Authentieke Recepten uit Het Zonnige Portugal

Sofia Ferreira

Samenvatting

Eten is altijd een centraal element geweest bij sociale bijeenkomsten in de Portugese cultuur en creëert een gastvrije sfeer, waardoor zelfs een vreemdeling zich als familie voelt. Velen van ons hebben goede herinneringen aan deze momenten en de Portugese gerechten die onze familie en vrienden deelden.

Ik ben opgegroeid in een grote, liefdevolle familie van Portugese immigranten die in Amerika woonden, waar Portugees eten, cultuur en traditie een belangrijke rol speelden in ons dagelijks leven, elk familiefeest en elke vakantie. Door de jaren heen heb ik deze tradities in ere gehouden door voor mijn familie en vrienden klassieke recepten te bereiden die zijn doorgegeven door mijn voorouders.

Ik koester de herinneringen rond deze gerechten die mij inspireerden om Tia Maria's blog te maken. Met de hulp en aanmoediging van mijn dochter Lisa begonnen we aan ons liefdeswerk met het delen van onze recepten. De naam van de site, "Tia Maria's Blog", wat "Tante Maria's Blog" betekent, is geïnspireerd op het feit dat ik meer dan 30 neven en nichten heb die naar mij verwijzen als "Tia Maria". De meeste Portugese families hebben ook hun eigen "Tia Maria", waardoor de naam zeer bekend en gedenkwaardig is in onze cultuur.

Veel Portugezen die waardig leven in landen over de hele wereld hebben contact met mij opgenomen voor hulp bij het vinden van lang verloren recepten die door hun familieleden zijn vergeten of nooit aan hen zijn doorgegeven. Het was een zeer lonende ervaring om veel van die verloren recepten terug te vinden en het proces was voor mij een echte inspiratiebron om dit kookboek te schrijven.

Wat simpelweg begon met het delen van recepten op mijn blog, is nu uitgegroeid tot een toewijding aan het behoud van de rijke Portugese eetcultuur, het promoten van de nationale keuken en het inspireren van mensen om deze recepten te leren koken, zodat ze ze kunnen doorgeven aan de volgende generatie. .

9

De recepten in dit kookboek zijn gemakkelijk te bereiden voor de dagelijkse thuiskok, zijn gemaakt met eenvoudige ingrediënten en vereisen de basisuitrusting die de meeste thuiskoks in hun keuken hebben. Kom, laat Lisa en ik je laten zien hoe je 101 eenvoudige Portugese recepten kunt bereiden, zodat je Portugal kunt proeven en speciale familieherinneringen kunt creëren.

1GROENE KRAALSOEP

Warm groen

Laten we het eerste recept beginnen met de klassieke, geruststellende soep "Caldo Verde", de meest geliefde en populaire soep in de Portugese keuken, die zijn oorsprong vindt in de weelderige landbouwgronden van de noordelijke Minho-regio van Portugal, waar ik ben geboren.

De soep is gemaakt met basisingrediënten aardappelpuree en uien, boerenkool, rijke olijfolie en verrijkt met chouriçoworst op smaak gebracht met gerookte paprika. Het staat op de meeste Portugese restaurantmenu's en wordt geserveerd op bruiloften en speciale evenementen. De sterke handen van mijn moeder hebben mij geleerd boerenkool in kleine stukjes te snijden en deze tijdens de laatste 5 minuten koken aan de soep toe te voegen, zodat ze hun mooie groene kleur behouden.

Porties: 8-10

10 roodbruine aardappelen of een andere aardappel zonder zetmeel

6 kopjes kippen- of groentebouillon

6 kopjes water

2 grote uien

2 teentjes knoflook

1 groot laurierblad

¼ kopje olijfolie of meer naar smaak

1 eetlepel zout

½ theelepel peper

1 middelgrote hele chouriço (gespoeld)

6 kopjes gewassen boerenkool (zeer dunne chiffonade)

Voorbereiding

Doe het water, de bouillon, de aardappelen, de uien, de knoflook, de olijfolie en de laurierblaadjes in een grote pan. Kook op hoog vuur gedurende 20-30 minuten tot de aardappelen volledig gaar zijn.

Haal van het vuur en verwijder het laurierblad. Pureer de soep met een staafmixer tot een romige consistentie ontstaat.

Was de chouriço, prik er gaatjes in met een vork en voeg toe aan de soep. Kook ongeveer 10 minuten. Verwijder de chouriço en snij in plakjes van ¼ inch dik om later als garnering te gebruiken.

Voeg de kool toe aan de soep en kook 5-8 minuten voordat je hem serveert.

Kook indien gewenst langer naar uw smaak.

Wanneer u klaar bent om de soep te serveren, doet u in elke kom 3 plakjes van de gereserveerde chouriço ter garnering. Voeg een scheutje olijfolie toe aan de soep en gemalen zwarte peper naar smaak.

Opmerking:

Als je niet wilt dat de soep een rokerige smaak krijgt, kun je de chouriço in een aparte pan met kokend water koken.

Mijn recept vereist een grote pan soep die in de koelkast een paar dagen houdbaar is.

Als je de volgende dag merkt dat het dikker is geworden, voeg dan een beetje kokend water toe om een dunnere bouillon te creëren.

2 KOOLSOEP EN CHOURIÇO

Sopa de Couve met Chouriço

Boerenkoolsoep is erg populair in onze keuken, maar wordt vaak verward met Caldo Verde-soep. Dit recept is een Azoren-versie waarbij gebruik wordt gemaakt van dikke aardappelen en geraspte boerenkool in plaats van aardappelpuree. Deze soep bevat gesneden chouriço-worst, gehakte aardappelen, geplette rijpe tomaten en geraspte boerenkool.

Er zijn veel variaties op dit recept. Sommige koks voegen rode bonen, witte bonen, kikkererwten of zelfs pasta toe. Als je liever een dikkere bouillon hebt, laat je de soep minimaal een uur op laag vuur koken, zodat de groenten smelten en er een dikkere soep ontstaat. Serveert 6-8

3 aardappelen (geschild en in blokjes van 1 inch gesneden)

4 kopjes kippenbouillon

2 kopjes water of meer

3-4 kopjes boerenkool (gehakt)

2 eetlepels olijfolie

1 grote ui (gehakt)

2 teentjes knoflook (gehakt)

1 laurierblad

1 blik rode bonen

1 theelepel zout

½ theelepel peper

Olijfolie voor garnering

1 16 oz. kan tomatenblokjes

1 middelgrote chouriço- of linguica-worst (in plakjes van ¼ inch dik)

Voorbereiding

Kook de ui en chouriço in een grote pan een paar minuten in de olijfolie tot de ui glazig is.

Voeg de bouillon, water, aardappelen, knoflook, laurier en boerenkool toe. Kook ongeveer 5 minuten.

Voeg de bonen en tomaten toe en breng aan de kook.

Dek af, zet het vuur laag en blijf koken tot de aardappelen gaar zijn gedurende nog eens 15-20 minuten.

Serveer met een scheutje olijfolie erbovenop.

Opmerking:

Als je wilt, kun je witte bonen of kikkererwten vervangen.

Voeg meer kokend water toe om de bouillon naar eigen voorkeur te verdunnen.

Kook langer als je de voorkeur geeft aan een dikkere bouillon.

3POMPOEN- EN SPINAZIESOEP

Sopa de Abóbora en Espinafres

Deze gezonde soep heeft een basis van pompoen- en wortelpuree waardoor een rijke, smaakvolle bouillon ontstaat. Je kunt de spinazie vervangen door groene bladkool, maar kook de groente langer naar smaak. Serveert 6-8

2 kopjes pompoen (gehakt)

2 grote wortels (gehakt)

8 kopjes water

1 grote ui

1 sjalot (optioneel)

¼ kopje olijfolie

1 theelepel zout

¼ theelepel peper

2 kippenbouillonblokjes

1 theelepel boter

1 sjalot

2 kopjes babyspinazie

Kook alle ingrediënten met water behalve spinazie en boter in een middelgrote pan tot de groenten gaar zijn.

Haal de pan van het vuur en voeg de boter toe.

Pureer de groenten met een staafmixer tot een glad en romig mengsel ontstaat.

Zet de soep terug op het vuur op laag vuur en laat ongeveer 5 minuten koken.

Was de spinazie en voeg deze toe aan de soep.

Kook de spinazie slechts 5 minuten of langer, afhankelijk van uw smaak.

Serveer indien gewenst met gemalen zwarte peper.

4GARNALENGROENTENBISQUE

Caldo de Camarao

Deze soep voor garnalenliefhebbers zit vol pittige en smaakvolle kruiden met garnalensmaak. De bouillon wordt bereid met hele garnalen, inclusief de koppen en schelpen, wat de rijke smaak versterkt.

Ik heb dit recept vele jaren geleden geleerd van een Portugese chef-kok genaamd José toen ik in het Portugese restaurant van mijn broer werkte. Hij was een geweldige kok, maar zeer wispelturig in de keuken. Zijn stemmingswisselingen waren duidelijk te horen aan de luide echo's uit de potten en pannen die vaak in de keuken rondgegooid werden. Serveert 8-10

2 pond rauwe garnalen (30 tot 40) per pond (per hoofd, indien beschikbaar)

1 grote ui (gehakt)

1 groot teentje knoflook

4 grote wortels (geschild en gehakt)

2 bosjes bleekselderij (geschild en fijngehakt)

8 kopjes water

2 eetlepels olijfolie

2 garnalenbouillonblokjes

2 eetlepels boter

1 theelepel paprikapoeder

1 of 2 theelepels zout (afhankelijk van smaak)

1 theelepel witte peper

1 tot 2 theelepels piri piri of tabascosaus

½ kopje Vinho Verde of witte wijn

½ kopje slagroom (optioneel)

3 Portugese broodjes om croutons van te maken

Citroenpartjes ter garnering

Gehakte peterselie of koriander ter garnering

Voorbereiding

Pel de garnalen, maak ze leeg en bewaar de schalen en koppen. Spoel de schelpen af en zet het garnalenvlees opzij.

Voeg in een grote pan 8 kopjes water, garnalenschalen en -koppen, ½ ui, knoflook, selderij, wortels, zout en peper toe en kook gedurende 20 minuten.

Zeef de bouillon en gooi de schelpen weg. Doe de wortels, uien en selderij terug in de bouillon. Zoek naar eventuele kleine stukjes schaal en verwijder deze.

Pureer de soep met een staafmixer tot de soep een romige basis heeft. Giet de soep door een fijne zeef om eventuele groenteschillen of draadjes op te vangen. Zet de soep terug op het vuur op laag vuur.

Fruit ondertussen in een middelgrote koekenpan de resterende ui in de olijfolie en boter tot ze glazig zijn.

Voeg de garnalen, bouillon, wijn, paprika en piri piri toe. Kook een paar minuten tot de garnalen roze zijn. Haal de helft van de gekookte garnalen eruit en zet apart.

Voeg de resterende garnalen- en uiensaus toe aan de pan en mix tot een romige massa. Kook de soep op laag vuur gedurende 10 minuten.

Snijd de gereserveerde gekookte garnalen doormidden en voeg toe aan de soep. Kook op laag vuur gedurende 5 minuten.

Proef de soep en voeg naar smaak meer zout en witte peper toe.

Bereid de croutons:

Snijd de Portugese broodjes in kleine plakjes van ¼ inch. Bestrijk ze met boter en knoflook en rooster ze goudbruin in de oven of in een broodrooster. Zet apart voor garnering.

Serveer de soep:

Wanneer u klaar bent om te serveren, schikt u ze in kommen met een paar stukjes garnalenhelften en een plakje geroosterde Portugese croutons in het midden.

Voeg indien gewenst koriander of peterselie toe als garnering. Knijp desgewenst een beetje citroen in de soep.

Opmerking:

Als je de voorkeur geeft aan een romigere soep, voeg dan gewoon een beetje room toe.

Bewaar altijd overgebleven garnalenschalen uit uw recepten om uw eigen garnalenbenodigdheden te maken. Spoel de schelpen af, droog ze en plaats ze in diepvrieszakken

5PORTUGESE OVERZEESE POMPOEN

Sopa de Marisco

Portugal stond bij de Romeinen bekend als Lusitania en werd zeer gewaardeerd vanwege de zeevruchten die langs de kust werden geoogst en vervolgens naar Rome werden verscheept. Tegenwoordig behoort de Portugese bevolking tot de grootste visconsumenten per hoofd van de bevolking ter wereld. Deze soep bevat de smaken van de zee, geoogst door de visser, vermengd met hete kruiden om een sappige bouillon te creëren. Serveer met croutons om in de soep te dippen. Serveert 8-10

1 grote ui (in blokjes gesneden)

¼ kopje olijfolie

1 pond aardappelen (geschild en in blokjes van 2 inch gesneden)

1 pond garnalen (in de schaal)

8 mosselen

1 pond Sint-Jakobsschelpen

1 verse kreeft in stukjes gesneden

1 pond schoongemaakte calamares (gehakt)

1 kleine tomaat (in blokjes gesneden)

1 eetlepel tomatenpuree

1 kleine paprika (in blokjes gesneden)

4 kopjes visbouillon of mosselensap

2 kopjes water

½ glas witte wijn

1 laurierblad

1 theelepel paprikapoeder

¼ kopje gehakte tomaten

¼ theelepel paprikapoeder

Zout en peper naar smaak

Gehakte koriander of peterselie (garnering)

¼ theelepel gemalen rode peper (optioneel)

Voorbereiding

Fruit de ui in een grote koekenpan in de olijfolie tot hij glazig is.

Voeg de kreeft, tomaten, paprika, laurier en wijn toe en bak een paar minuten tot ze lichtbruin zijn.

Voeg de aardappelen, wijn, water, bouillon, paprika, tomatenpuree en kruiden toe en kook ongeveer 15 minuten op middelhoog vuur.

Voeg de mosselen, garnalen, mosselen en calamares toe en kook tot alle mosselen en mosselen open zijn gegaan, ongeveer 10-15 minuten.

Voeg indien gewenst gemalen rode pepervlokken toe. Garneer met koriander of peterselie.

Serveer met knapperig brood

6WIEVE GROENTENSOEP

Sopa Giuliana

Kool is een hoofdbestanddeel van de Portugese keuken en wordt vaak geserveerd in soepen of als bijgerecht met een scheutje olijfolie en azijn. Deze eenvoudige soep is gemakkelijk te maken en zeer veelzijdig omdat je elk type bouillon kunt gebruiken, zoals kip, rundvlees of groenten. Voor een soep met meer vleessmaak kook je een ham of runderbot samen met de groenten gedurende minstens een uur. Serveert 8-10

4 kopjes savooiekool of gewone kool, in reepjes van 1 inch gesneden

2 grote aardappelen

4 wortels

4 kopjes water

4 kopjes rundvlees-, kippen- of groentebouillon

½ kopje rijst of pasta

1 grote ui

1 teentje knoflook

3 eetlepels olijfolie

1 theelepel zout

1 theelepel peper

Gemalen rode pepervlokken (optioneel)

Voorbereiding

Doe het water, de bouillon, de wortels, de aardappelen, de uien, de knoflook, het zout en 1 kopje kool in een grote pan. Laat het aan de kook komen en kook op middelhoog vuur gedurende 30 minuten. (Kook minimaal 1 uur als u een bot aan de soep toevoegt.)

Als de groenten gaar zijn, meng je de soep met een staafmixer tot je de gewenste consistentie hebt verkregen.

Voeg de resterende kool, rijst of pasta en olijfolie toe en kook nog eens 20 minuten op laag vuur. Voeg indien gewenst vers gemalen peper en gemalen rode peper toe voordat u het serveert.

Druppel desgewenst een beetje olijfolie in de kom voordat u deze serveert

Opmerking:

Als je merkt dat de soep tijdens het verwarmen dikker is geworden, kun je meer water toevoegen.

7SLABONEN GROENTENSOEP

Sopa de Feijão Verde

Heirloom Portugese platte sperziebonen creëren deze stevige soep. Veel gezinnen in de Portugese gemeenschap verbouwen deze bonen in hun tuin en bewaren de gedroogde zaden om ze het volgende seizoen te planten. Als u deze sperziebonen niet in huis heeft, kunt u deze vervangen door Italiaanse platte sperziebonen uit de diepvriesgroentenafdeling van uw supermarkt. Als je deze sperziebonen eenmaal hebt geprobeerd, zul je in je recepten nooit meer teruggaan naar de standaard sperziebonen. Porties: 8-10

1 grote ui (gehakt)

3 grote wortels (gehakt)

1 stengel bleekselderij

1 groot teentje knoflook

3 eetlepels olijfolie

1 groot laurierblad

1 blik noordelijke witte bonen

2 kopjes verse platte sperziebonen of 1 (9-ounce blikje bevroren Italiaanse sperziebonen)

6 kopjes water

2 kopjes kippenbouillon (of groentebouillon als je dat liever hebt)

1 eetlepel zout

1 theelepel peper

2 theelepels tomatensaus of (1) kleine rijpe tomaat

2 kopjes kleine pasta

Voorbereiding

In een grote pan bak je de uien en wortels in olijfolie tot ze glazig zijn. Voeg de kippenbouillon, knoflook, water, laurier, tomaat en kruiden toe.

Breng aan de kook en kook op middelhoog vuur tot de groenten gaar zijn. Haal de pan van het vuur. Verwijder het laurierblad en voeg een ½ blik witte bonen toe.

Pureer de soep met een staafmixer tot de gewenste consistentie. Zet de soep terug op het vuur op middelhoog vuur. Als het weer aan de kook komt, voeg je de pasta, sperziebonen en de overige witte bonen toe.

Dek af en kook op middelhoog vuur gedurende ongeveer 15-20 minuten tot de pasta gaar is.

Opmerking:

Je kunt de tomatensaus vervangen door een rijpe kerstomaat. Je kunt het ook vervangen door elk type sperziebonen.

8 WITTE BONENSOEP

Sopa de Feijão Branco

Er worden veel soorten bonen gebruikt in Portugese gerechten en vaak gebruikt als hoofdbestanddeel van veel soepen en stoofschotels. Deze soep maakt gebruik van witte bonen en groenten gekookt in een smaakvolle vleesbouillon. Je kunt de witte bonen vervangen door rode bonen of kikkererwten voor een andere variant van dit recept. Serveert van 8 tot 10

8 tot 10 kopjes water

1 ham of runderbot (optioneel)

1 grote ui (gehakt)

1 grote wortel (gehakt)

1 grote aardappel (in blokjes gesneden)

2 teentjes knoflook

1 laurierblad

1 eetlepel zout

1 theelepel zwarte peper

¼ kopje olijfolie

4 tot 6 ons elleboogmacaroni

1 16 oz. kan noordelijke witte bonen

2 kopjes boerenkool (fijngehakt)

Doe alle ingrediënten behalve macaroni, bonen en kool in een grote pan. Kook op middelhoog vuur gedurende ongeveer 1 uur. Haal van het vuur, verwijder het laurierblad en het vleesbot. Meng alle ingrediënten met een staafmixer tot je de gewenste consistentie hebt verkregen.

Zet de soep weer op het vuur en laat ongeveer 5 minuten doorkoken en breng aan de kook.

Voeg de macaroni, kool en bonen toe en laat de soep 10 tot 15 minuten koken. Breng de soep op smaak met peper en zout.

Indien gewenst kunt u het vlees van het bot halen, in kleine stukjes snijden en aan de soep toevoegen.

Ga door met het koken van de soep tot de kool gaar is. Haal van het vuur om te voorkomen dat de pasta te gaar wordt.

Serveer met een scheutje extra vergine olijfolie en gemalen peper.

9CARMELINA'S HUISGEMAAKTE KIPPENSOEP

Canja de Galinha in Carmelina

Mijn moeder maakte minstens één keer per week kippensoep voor ons gezin. Ze had altijd een pot soep op het fornuis staan, voor het geval er een vriendin of familielid op bezoek kwam. Ik maak ook elke week soep, maar dit is de favoriet van mijn familie. Toen mijn kinderen als baby gewone voeding begonnen te eten, maakte ik deze soep bijna elke dag, omdat ze niet van babyvoeding in potjes hielden. Uiteraard heb ik de ui, knoflook, zout en peper weggelaten.

Er zijn veel variaties op recepten voor kippensoep in elke Portugese keuken. Sommige koks gebruiken liever rijst in plaats van pasta, terwijl anderen kleine pastavormpjes of zelfs eiernoedels als zetmeel gebruiken. Het is ook gebruikelijk om een muntblaadje of een scheutje citroen toe te voegen voor extra smaak.

Porties: 8-10

2 pond verse kip (geheel of in stukjes gesneden)

12 kopjes) water

1 grote ui (gehakt)

2 kippenbouillonblokjes

2 grote stengels bleekselderij

2 grote wortelen

2 teentjes knoflook (gepeld)

2 takjes peterselie

1 eetlepel zout

½ theelepel versgemalen peper

1 ½ kopje orzo pasta of witte rijst

Optionele afdichting:

2 theelepels gehakte verse peterselie

½ theelepel gemalen rode pepervlokken

1 muntblad

Citroensap

Voorbereiding

Doe het water, de ui, 1 stengel bleekselderij, 1 wortel, zout, 2 takjes peterselie en knoflook in een grote pan. Breng aan de kook, voeg de kip toe en laat zachtjes koken.

Haal na 30 minuten koken de kipfilets uit de pan, verwijder de botten en snijd ze in kleine stukjes. Boek voor later.

Kook nog een uur en verwijder de kip en groenten. Filter de soep door een zeef om het vet te verwijderen.

Zet de soep op het vuur en breng op laag kookpunt. Voeg de gerst of rijst toe en kook op middelhoog vuur gedurende 10 minuten.

Snijd de overgebleven wortel en bleekselderij in plakjes van ¼ inch, voeg toe aan de soep en laat nog eens 10 minuten sudderen.

Voeg de gereserveerde in blokjes gesneden kipfilet, meer zout en peper, peterselievlokken toe en laat de soep een paar minuten sudderen.

Voeg decoratie toe naar wens.

10 KIKKERERWTEN- EN KOOLSOEP

Sopa de Grão com Couve

De combinatie van kool en kikkererwten zorgt voor een hartige soep die rijk is aan eiwitten en vezels. Ik heb de kikkererwten gemengd om een dikkere bouillon te krijgen, maar als je de voorkeur geeft aan een grovere stijl, laat ze dan heel of meng slechts de helft. Dit is een perfecte herfstsoep wanneer wortels en kool zich op het hoogtepunt van het oogstseizoen bevinden. Serveert 6 – 8

2 grote wortels (gehakt)

1 16 oz. kikkererwten kunnen koken

8 kopjes water

1 laurierblad

1 grote ui

1/4 kop olijfolie

1 theelepel zout

1/4 theelepel peper

2 kippenbouillonblokjes

1 tot 2 kopjes gehakte kool

Kook alle ingrediënten behalve de kool in een middelgrote koekenpan op middelhoog vuur tot de groenten gaar zijn.

Haal de pan van het vuur en mix de soep met een staafmixer tot het mengsel glad en romig is.

Zet de soep op laag vuur op het vuur en laat ongeveer 5-10 minuten koken.

Proef de soep en voeg indien gewenst meer water of kruiden toe. Voeg meer water toe als je merkt dat de soep te veel is ingedikt. Voeg kool toe aan soep.

Kook op laag vuur gedurende 5 minuten en serveer.

Garneer met versgemalen zwarte peper.

11KRUIDIGE PORTUGESE STIJLGARNALEN

Camarão Piri Piri

Dit is het favoriete voorgerecht van mijn familie. Wij serveren het elke keer als we een familiefeest of feest hebben. Piri piri rode pepersaus en gerookte paprika geven deze in de pan gegrilde garnalen een prachtige kleur en pittige kick. Ik ben dol op dit gerecht omdat het maar een paar minuten duurt om te bereiden en je het kunt aanpassen aan de smaak van je gasten door simpelweg meer of minder kruiden toe te voegen.

Zorg ervoor dat je voldoende Portugese broodjes bij de hand hebt om in de saus te dippen. Een waarschuwing: de mensen voor wie je dit doet, zullen vanaf dat moment voor altijd in je leven aanwezig zijn. Ik beloof je. Het is zo mooi! Serveert 4-6

2 pond rauwe garnalen (30 tot 40 per pond, ongeschild en ontdooid)

1 zeer kleine ui (fijngehakt)

3 eetlepels olijfolie

1 theelepel gerookte paprikapoeder

1 kippenbouillonblokje

¼ kopje Vinho Verde of zeer droge witte wijn

¼ theelepel zout

1 theelepel maïszetmeel

2 tot 3 theelepels piri piri of (Tabasco of een hete saus)

½ kopje water

Voorbereiding

Fruit de uien in een grote koekenpan in de olijfolie op middelhoog vuur tot ze glazig maar niet bruin zijn.

Voeg de garnalen toe en kook 1 minuut tot de garnalen roze zijn. Voeg de paprika, het zout, het bouillonblokje, de wijn en de hete saus toe. Roer en kook gedurende 1 minuut.

Maak een pasta met ¼ tot ½ kopje water en maizena. Meng alles in een kopje tot het maizena is opgelost. Roer de garnalen erdoor. Kook tot de saus dikker wordt. Proef de saus en voeg naar smaak meer zout of hete saus toe.

Opmerking:

Het bereiden van dit recept duurt slechts een paar minuten. Begin met koken net voordat u klaar bent om het aan uw gasten te serveren.

Je kunt het ook van tevoren bereiden en een paar minuten verwarmen. Kook de garnalen niet te gaar, want als u ze te gaar maakt, kunnen ze rubberachtig worden.

12 KABELJAUW EN AARDAPPELKROKETTEN

Bolinhos de Bacalhau/Pasteis de Bacalhau

Er is een gezegde in Portugal; "Er zijn 365 bacalhau-recepten, één voor elke dag van het jaar." Deze kabeljauwkroketten zijn het populairste voorgerecht in de Portugese keuken. Ze worden beschouwd als een must voor elke kersttafel, bruiloft en feest.

Dit is het recept van mijn moeder. Ik heb goede herinneringen aan het koken van deze 'bolinho's' elke kerstavondochtend met haar. Ik paste de familietraditie aan door ze elke kerstavond samen met Lisa te maken. Ik raad aan om een dubbele portie te maken en de helft van het rauwe beslag in te vriezen voor de volgende keer. Het smakelijke aardappel-kabeljauwbeslag wordt licht goudbruin gebakken en het resultaat is verbazingwekkend lekker!

Ze maken 4 tot 5 dozijn

1 pond bacalhau zonder bot

3 grote zetmeelvrije aardappelen, geschild en in plakjes van ½ inch gesneden

1 kleine gele ui (gehakt)

1 grote teen knoflook (zeer fijngehakt) of (¼ theelepel knoflookpoeder)

2 theelepels olijfolie

2 theelepels peterselie (zeer fijngehakt)

3 grote eieren, losgeklopt

¼ theelepel gemalen zwarte peper

zout

Maïsolie of plantaardige olie om te frituren (gebruik een premium merk, geen generiek merk om een vette smaak te voorkomen)

Gehydrateerde kabeljauw:

Doe de kabeljauw in een grote kom met koud water en dek af. Zet het 2 dagen in de koelkast en ververs het water minimaal twee keer per dag. Als de kabeljauw erg dik is, moet u wellicht het water vaker ververssen en de kabeljauw 3 dagen laten weken.

Voorbereiding

Doe de aardappelen en de kabeljauw in een pan met voldoende water om ze onder water te zetten. Kook op middelhoog vuur op een laag kookpunt gedurende ongeveer 10 minuten.

Haal de kabeljauw, die zacht en kruimelig moet zijn, voorzichtig met een schuimspaan uit de pan en leg hem op een schone witte linnen doek of absorberend papier om het vocht op te nemen.

Verwijder eventuele botten en rol de kabeljauw in de handdoek tot hij een bal vormt en knijp erin om het vocht te verwijderen. Opzij zetten.

Kook de aardappelen nog eens 10 minuten of tot ze gaar zijn en laat ze uitlekken.

Nadat je ze hebt uitgelekt, laat je de aardappelen in dezelfde pan liggen, dek af en zet ze weer een paar minuten op het vuur.

Hierdoor kan vocht uit de aardappelen ontsnappen. Als de aardappelen en kabeljauw zijn afgekoeld kun je beginnen met het bereiden van het pannenkoekbeslag.

Bereid het beslag:

Haal de aardappelen door een aardappelstamper in een grote kom. Hierdoor worden ze heel luchtig en licht. Als je geen aardappelstamper hebt, rasp deze dan met een kaasrasp.

Verdeel de kabeljauw met een vork of in een keukenmachine tot hij schilferig en licht is.

Voeg de kabeljauwvlokken, ui, knoflook, peterselie, losgeklopte eieren en peper toe aan de kom met de aardappelen en roer om de ingrediënten op te nemen.

Het beslag moet dik genoeg zijn om ovale kroketten te vormen om te bakken. Als je het te zacht vindt, kun je gewoon meer kabeljauwvlokken of aardappelen aan de rijst toevoegen.

Opmerking:

Op dit punt kun je ze ook vormen, in een dun laagje bloem rollen en in diepvrieszakjes bewaren om ze later te koken.

Verhit de olie tot ongeveer 365 tot 375 graden F en begin met het bakken van 4 of vijf tegelijk gedurende ongeveer 2 tot 3 minuten tot ze goudbruin zijn.

Test de eerste batch om er zeker van te zijn dat deze van binnen gaar is. Mogelijk moet u het vuur lager zetten als u merkt dat ze te snel bruin worden en niet gaar worden

Plaats de gekookte pannenkoek op keukenpapier om eventueel vet te absorberen.

Serveer warm of koud.

*Indien bevroren:*Bak ze terwijl ze nog bevroren zijn, maar het kan langer duren om ze te koken. Pas de vlam dienovereenkomstig aan om gelijkmatig te koken.

13 GARNALEN EMPANADAS

Rissóis de Camarão

Dit voorgerecht is erg populair en wordt geserveerd op de meeste bruiloften en speciale evenementen. Het malse deeg is gevuld met garnalenvulling en licht gebakken tot ze goudbruin zijn, waardoor een overheerlijk hapje ontstaat dat smelt in je mond.

Toen ik klein was, ging ik vaak naar het huis van mijn meter om haar te helpen met het bereiden van tientallen van deze lekkernijen voor het kerstavonddiner van onze familie, genaamd "Consoada". Het woord Consoada is een maaltijd die wordt gegeten na een dag vasten en komt van het Latijnse woord consolare, wat 'troosten' betekent, aangezien veel mensen vasten tijdens de Adventdagen vóór Kerstmis. Het Consoada-diner is overvloedig met veel vis- en zeevruchtengerechten, evenals veel klassieke desserts.

Ik werd vaak uitgescholden door mijn meter omdat ik het deeg had gespleten, dat erg mals is en heel voorzichtig moet worden behandeld, zowel bij het vormen als bij het bakken.

Door de jaren heen hebben Lisa en ik elke kerstavond dezelfde nauwgezette zorg verworven bij het maken ervan.

Ze maken 5-6 dozijn

Stap 1 Witte saus

6 eetlepels bloem

¾ stokje of 6 eetlepels boter of margarine

2 kopjes melk

½ theelepel zout

¼ theelepel peper

½ kippenbouillonblokje (optioneel)

1 eierdooier

Voorbereiding

Smelt de boter in een zware pan, voeg de bloem toe en roer tot deze in de boter smelt.

Voeg de melk, zout, peper en bouillonblokje toe. Kook op middelhoog vuur en roer voortdurend tot het dikker wordt.

Voeg in een kleine kom 1 eetlepel van de bereide bechamelsaus toe aan het losgeklopte eigeel om het te tempereren en voeg vervolgens het eimengsel toe aan de bechamelsaus. Meng, proef en voeg indien nodig meer zout of peper toe.

Zet opzij om af te koelen of dek af met huishoudfolie in de koelkast om volledig af te koelen

Stap 2 Garnalenvulling

¼ kopje ui (fijngehakt)

2 theelepels peterselie (fijngehakt)

½ kippenbouillonblokje

3 eetlepels olijfolie

1 en een halve kilo rauwe garnalen (geschild en fijngehakt)

¼ theelepel paprikapoeder

¼ theelepel zout (optioneel)

1 theelepel citroensap

Voorbereiding

Kook de uien in de olijfolie op middelhoog vuur. Voeg bouillon en garnalen toe. Kook ongeveer 3 minuten tot de garnalen roze zijn.

Voeg het citroensap en de peterselie toe en laat afkoelen. Spatel de afgekoelde garnalen door de bechamelsaus en breng op smaak met peper en zout. Laat het mengsel volledig afkoelen, of bewaar het een nacht in de koelkast, afgedekt met huishoudfolie.

Stap 3 Kneed

6 kopjes water

6 kopjes bloem

1 eetlepel zout

1 stokje of 8 eetlepels margarine

1 stuk citroenschil

Voorbereiding

Plaats het water, de citroenschil, het zout en de boter in een pan met anti-aanbaklaag op middelhoog vuur tot het water begint te koken en de boter smelt.

Verwijder de citroenschil. Voeg de bloem toe en meng voortdurend met een stevige lepel tot het deeg een bal vormt. Hiervoor is spierkracht nodig. Je zult merken dat de bodem van de pan een korst begint te vormen.

Blijf mixen totdat alle bloem is opgenomen in de deegbal. Het beslag moet de consistentie en het uiterlijk van brooddeeg hebben.

Opmerking:

Laat het deeg volledig afkoelen voordat je het uitrolt tot de empanadas.

Stap 4 Vorm de empanadas

Zodra zowel het deeg als de vulling volledig zijn afgekoeld, rol je het deeg uit op een koud, met bloem bestoven oppervlak tot een dikte van 1/8 inch met een met bloem bestoven deegroller.

Snijd het deeg in ronde cirkels van 4 tot 5 inch met behulp van een koekjesvormer of een kopje met een dunne rand.

Plaats 1 theelepel vulling in het midden van het deeg. Vouw het deeg in een maanvorm.

Verbind de randen voorzichtig met een vork. Zorg ervoor dat de vulling niet uit de muren komt. Als het deeg barst, zul je merken dat dit komt doordat je te veel vulling hebt toegevoegd.

Schik de Rissóis gescheiden van elkaar op een grote bakplaat bedekt met bakpapier of licht bebloemd.

Opmerking:

Je kunt ze nu maximaal 1 maand in plastic zakken invriezen.

Stap 5 Bedek de empanadas

Klop 3 eieren met een paar eetlepels water in een grote kom.

Verdeel 2 tot 3 kopjes fijn broodkruim op een platte bakplaat.

Gebruik de met één hand droge, één hand natte methode en dompel elke empanada van garnalen in het losgeklopte ei en vervolgens in het paneermeel.

Verwijder het ei en de overtollige kruimels en plaats ze op bakplaten bekleed met bakpapier. Bewaar in de koelkast afgedekt met huishoudfolie tot het klaar is om te frituren.

Stap 6 Bak de Empanadas

Verhit een frituurpan tot 365 graden F.

Opmerking:

Ik raad een goede roestvrijstalen friteuse aan die de hitte tot 365 graden regelt.

Bak ze met 6 tegelijk goudbruin. Als ze te snel bruin worden en rauw van binnen zijn, verlaag dan de temperatuur. Afhankelijk van uw friteuse moet u mogelijk de hitte dienovereenkomstig aanpassen.

Blijf ze voorzichtig draaien om ze gelijkmatig te garen. Het deeg is heel mals, pas op dat je het deeg niet doorprikt, anders gaat het brood open en laat het vet in het midden zitten

Test er één om te bakken en snij hem door om er zeker van te zijn dat de vulling en het deeg gaar zijn.

Leg ze op absorberend papier om het vet te absorberen.

14CLAMS IN BULHÃO PATO

Ameijoas à Bulhão Pato

Dit gerecht is vernoemd naar de 19e-eeuwse dichter uit Lissabon, Bulhão Pato, en staat nu op de menukaarten van de meeste Portugese restaurants. De verse koriander- en witte wijnsaus zorgt voor een smaakvolle bouillon gemaakt met kruiden, wijn en zachte, sappige mosselen. Serveer met knapperig Portugees zelfgebakken brood om te dippen. Serveert 1-2

2 eetlepels olijfolie

1 eetlepel knoflook (in blokjes gesneden)

1 eetlepel verse koriander (fijngehakt)

3 eetlepels Vinho Verde of droge witte wijn

12 mosselen (gespoeld en schoongemaakt)

partjes citroen

Voorbereiding

Kook de knoflook in een koekenpan in de olijfolie op hoog vuur tot hij glazig is. Voeg de mosselen, witte wijn, ½ koriander toe en dek af. Kook op laag vuur gedurende 5-8 minuten tot de mosselen open zijn. Gooi eventuele ongeopende mosselen weg.

Schik op een serveerschaal. Garneer met koriander en partjes citroen.

15 KABELJAUW PAARDEN

Pataniscas de Bacalhau

Deze focaccia's hebben de hartige smaak van kabeljauw gecombineerd met de zoetheid van ui en peterselie. Je kunt ze serveren als voorgerecht of als hoofdgerecht met rijst. De volgende dag zijn ze nog lekkerder, dus maak een dubbele batch.

Ik heb goede herinneringen aan het leren koken van deze Patanisca's met mijn moeder toen ik klein was. We maakten ze op zondagochtend klaar om mee te nemen op onze gezinsuitstapjes of voor een picknick op het strand. Voor 10-12 taarten

1 pond bacalhau zonder bot (gehakt)

4 eieren

1 ½ kopjes bloem

½ kleine ui of sjalot (gehakt)

2 theelepels verse peterselie (gehakt)

¼ theelepel zwarte peper

¼ theelepel knoflookpoeder

1 theelepel olijfolie

Zout naar smaak

½ tot 1 kopje water

½ theelepel zuiveringszout

¼ kopje olijfolie

¼ kopje plantaardige olie

Voorbereiding

Kook de kabeljauw in kokend water gedurende ongeveer 5-8 minuten. Laat het afkoelen en snij het vervolgens met een vork in kleine vlokken.

Meng de ui, peterselie, kabeljauw, bloem, zout, peper, knoflookpoeder en olijfolie in een kom en meng goed.

Meng het water en de eieren in een kleine kom en voeg toe aan het bacalhau-mengsel en meng goed.

Proef en voeg meer zout, peper en knoflookpoeder toe tot de gewenste smaak.

Combineer beide oliën en begin in batches met bakken door de helft van de oliën tot ¼ inch te verwarmen in een zware koekenpan op middelhoog vuur.

Test de temperatuur van de olie door een kleine hoeveelheid beslag in de olie te doen. Als het beslag sist, is het klaar om gebakken te worden. Als u ziet dat de olie begint te roken, zet dan het vuur lager.

Giet het pannenkoekbeslag ter grootte van een zilveren dollar in de pan. Dep ze om ze in ovale vormen van ongeveer ¼ inch te koken. Kook tot ze aan elke kant goudbruin zijn.

Plaats ze op keukenpapier of bruine papieren zakken om het vet te absorberen.

Serveer warm of koud.

16 Bladerdeeg rundvlees zakken

Pasteis de carne

Deze bladerdeegzakjes worden gevuld met een smakelijke vleesvulling en vervolgens goudbruin gebakken. Warm zijn ze heerlijk, maar de volgende dag zijn ze nog lekkerder. Met dit recept kun je ongeveer drie dozijn vleespasteien maken, waardoor het een geweldig gerecht is om bij de hand te hebben voor feestjes. Voor een variatie kun je het rundvlees ook vervangen door gekookte kip. Ze maken er ongeveer 3 dozijn

2 kilo diepvries of vers bladerdeeg

1 pond rundergehakt

¼ kopje ui (fijngehakt)

1 theelepel knoflookpoeder

2 theelepels peterselie (gehakt)

Zout en peper

¼ kopje geraspte kaas (optioneel)

1 ei

1 theelepel water

Voorbereiding

Haal het deeg uit de vriezer zodat het voldoende ontdooid is om uit te rollen.

Kook het vlees in een grote koekenpan tot het bruin is. Haal uit de pan, laat uitlekken en laat afkoelen in een middelgrote kom.

Voeg in dezelfde pan de uien en knoflook toe en bak tot ze goudbruin zijn. Voeg het uienmengsel toe aan het vlees en laat afkoelen.

Doe het vleesmengsel in de keukenmachine, pulseer 5 keer of totdat het vlees een fijne consistentie heeft bereikt. Voeg peterselie en kaas toe en mix nog 2 keer.

Rol het deeg uit en snijd het in een rechthoek van 3 x 6 inch. Plaats 1 eetlepel vlees in het midden van de rechthoek. Vouw de ene kant over de andere kant om vierkante zakken te creëren door de randen samen te knijpen.

Bekleed 2 bakplaten met bakpapier. Schik de slagroomsoesjes op het papier en bestrijk ze met een losgeklopt ei.

Bak in een voorverwarmde oven van 400 graden F gedurende 15 minuten of tot ze goudbruin zijn.

17ZOUTE RUNDVLEESKROKETTEN

Vleeskroketten

Dit kroketrecept is een oude klassieker. Ze zijn lekker en licht en hebben een knapperige korst. Het is een perfecte manier om overgebleven rosbief of stoofvlees te gebruiken.

Ik heb veel van deze kroketten gemaakt toen ik klein was. Elke keer als ik naar het huis van mijn peettante ging om haar te helpen met het koken van de goudklompjes voor ons kerstavonddiner, was ik de officiële nuggetroller. Maakt 2 dozijn

1 pond gekookt rosbief (fijngehakt)

2 eetlepels boter

4 eetlepels bloem

½ kopje melk

3 teentjes knoflook (fijngehakt)

½ kleine ui (fijngehakt)

¼ kopje chouriço-worst (fijngehakt) (optioneel)

1 laurierblad

1 eetlepel peterselie (fijngehakt)

1 theelepel zout

¼ theelepel paprikapoeder

Vers gemalen zwarte peper

Een snufje nootmuskaat

2 eieren

1 tot 2 kopjes fijn broodkruim voor coating

Plantaardige olie om te frituren

Voorbereiding

Fruit de ui, knoflook en laurier met boter in een middelgrote koekenpan tot ze doorschijnend zijn op middelhoog vuur. Voeg de bloem toe en meng goed tot de bloem is opgenomen in de boter.

Voeg beetje bij beetje de melk toe totdat de boter is gesmolten en het mengsel glad en ingedikt is. Voeg het rundvlees, de chouriço en alle overige kruiden toe en laat een paar minuten koken. Verwijder het laurierblad en gooi het weg.

Haal het vlees van het vuur en voeg beetje bij beetje 1 losgeklopt ei toe om het uit te dunnen.

Kook het mengsel tot het dik wordt en balletjes of eieren vormt.

Laat het mengsel een paar minuten afkoelen en vorm er kroketten van.

Wanneer u klaar bent om te frituren, doopt u elke kroket in het overgebleven losgeklopte ei en vervolgens in het paneermeel. Bak op middelhoog vuur in plantaardige olie tot ze goudbruin zijn.

Laat ze uitlekken op absorberend papier voordat u ze op het serveerbord legt

18BORD VAN PORTUGESE charcuterie

Carnes Frias en Queijos à Portuguesa

Dit voorgerecht verleidt de smaakpapillen van uw gasten terwijl u het diner bereidt, maar u kunt het ook serveren als feestgerecht. Om het gerecht een rustieke uitstraling te geven, serveer ik het vlees op een grote houten snijplank. Wanneer uw gasten klaar zijn met eten, rolt u het papier eenvoudig op en gooit u het weg, zodat u het gemakkelijk kunt opruimen.

Voorgestelde ingrediënten:

Kaas:

Azeitão

Evora-kaas

Nisa

Pico

Sint George

Slang

Serra da Estrela

Gezouten vlees:

Salpicao

Chouriço

Mortadella

Zogenaamd

Zijkanten:

Verscheidenheid aan olijven

Cherrytomaatjes of kerstomaatjes

Geroosterde rode paprika

Gedroogde vijgen of vijgenjam

Diverse noten

Gesneden brood

Voorbereiding:

Leg een groot vel bakpapier op een grote snijplank of grote serveerschaal.

Schik olijven, tomaten, paprika's, augurken of andere kruiden in het midden.

Omgeven door diverse Portugese kazen en vleeswaren.

Voeg een verscheidenheid aan dun gesneden knapperig brood toe aan de zijkanten.

Plaats vorken, snijmachines of kaasmessen en tandenstokers voor eenvoudig serveren.

19PORTUGESE BRUSCHETTA

Portugese bruschetta

Portugese broodjes zijn een perfecte basis voor de toppings van dit voorgerecht, waardoor in één hap de perfecte smaak van de Portugese smaak ontstaat. Zoete rode uien en geroosterde rode paprika's verzachten de zoutheid van de bereiding en worden vervolgens besprenkeld met een scheutje pure Portugese olijfolie.

Maak een dubbele batch, want deze smakelijke kleine lekkernijen zullen snel verdwijnen. Bereid dit voorgerecht maximaal een dag voordat u het wilt serveren. Serveert 4-6

3 of 4 papo secos – Portugese sandwiches of baguettes

2 middelrijpe tomaten (zeer fijn gesneden)

2 plakjes Presunto (fijngehakt)

¼ kopje fijngehakte rode uien

¼ kopje gehakte zwarte olijven

¼ kopje geroosterde rode paprika (fijngehakt)

2 teentjes knoflook (fijngehakt)

4 eetlepels Portugese olijfolie of extra vergine olijfolie

2 theelepels fijngehakte peterselie

Gemalen zwarte peper naar smaak

Voorbereiding

Giet de tomaten af en doe ze in een plastic of keramische kom. Voeg de overige ingrediënten toe en meng goed.

Bewaar in de koelkast tot u klaar bent om te monteren en te serveren.

Bereid de sneetjes brood:

Doe 1 teentje gehakte knoflook in de olijfolie in een zeer kleine magnetronbestendige kom en kook ongeveer 30 seconden om de olie te laten trekken met de knoflooksmaak.

Snijd het brood in zeer dunne plakjes van ¼ tot ½ inch en leg ze op een grote bakplaat. Bestrijk ze met de helft van de knoflookolie en laat de andere helft achter voor de topping.

Plaats de pan met de sneetjes brood onder de grill en rooster ze ongeveer 2 minuten of tot ze goudbruin zijn. Draai de andere kant bruin.

*Aandacht:*Laat de ovendeur open terwijl u het brood roostert. Het zal snel bruin worden.

Als het brood klaar is, doe je op elk sneetje 1 eetlepel of meer van het mengsel.

Besprenkel desgewenst met olijfolie en serveer

20GEGRILD VARKENSBACON

Toucinho Assado

Er gaat niets boven de geur van vers varkensvet dat op de buitengrill wordt bereid. Dit is het recept van mijn broer Manny dat elke keer wordt geserveerd als we een familiepicknick houden en het is een favoriet van de jongens in onze familie.

U kunt ongezouten buikspek vinden bij uw plaatselijke slagerij. Zij snijden het met de hand op de gewenste dikte. Zorg ervoor dat je het serveert met Portugese broodjes of knapperig brood om de sappige sappen van het knapperige gekookte spek op te nemen. Serveert 6-8

2 pond vers, niet-uitgehard buikspek (gesneden in plakjes van ¼ inch dik)

6 teentjes knoflook (gehakt)

1 eetlepel zeezout

2 eetlepels olijfolie

Voorbereiding

Marineer de varkensreepjes in de knoflook, het zout en de olijfolie gedurende minimaal 30 minuten. Leg ze op de hete grill en bak tot beide kanten knapperig zijn, maar niet verbrand. Serveer met knapperig Portugees brood.

21MINHO-STIJL VARKENSVLEESCRACKS

Rojoes à Minhota

Het woord 'Minhota' verwijst vaak naar een vrouw uit de 'Minho'-regio in het noorden van Portugal, waar het gerecht oorspronkelijk vandaan komt. De knoflook- en wijnmarinade zorgt voor hartig, smaakvol varkensvlees. Door de stooftechniek ontstaat er een gouden, knapperige textuur. Serveer met croutons of gekookte aardappelen als hoofdgerecht. Serveert 4-6

1 pond varkensvlees in blokjes van 1 inch gesneden

1 kopje Vinho Verde of droge witte wijn

3 teentjes knoflook (fijngehakt)

1 laurierblad

½ eetlepel paprikapoeder

½ theelepel komijn

½ eetlepel zout

½ theelepel gemalen zwarte peper

3 eetlepels bakvet

Voorbereiding

Doe alle ingrediënten behalve het vet in een kleine kom en meng goed om de kruiden op te nemen. Zet in de koelkast om een nacht te marineren.

Wanneer u klaar bent om te koken, haalt u het vlees uit de koelkast en laat u het op kamertemperatuur komen. Giet het varkensvlees af, maar bewaar de marinade voor later.

Verhit het vet in een grote koekenpan op middelhoog vuur en kook het varkensvlees tot het bruin en knapperig is. Kook het varkensvlees in batches tot een mooie knapperige textuur.

Haal de laatste portie gekookt vlees uit de pan. Voeg de marinade toe aan de pan en kook tot deze tot de helft is ingekookt.

Voeg het varkensvlees weer toe aan de pan en laat een paar minuten koken om de smaken op te nemen. Proef en voeg indien gewenst meer zout toe.

Serveer het met croutons als voorgerecht of je kunt dit varkensvlees als hoofdgerecht serveren met eenvoudige gekookte aardappelen

22PORTUGESE KAASBORDJE

Portugese Queijos

Deze rustieke kaasplank is een geweldige manier om het diner te beginnen of een eenvoudig kaas- en wijnfeest te organiseren. Ik doe dit vrij vaak als ik een groot publiek ontvang voor een etentje, omdat het de gasten bezig houdt terwijl ik klaar ben met het bereiden van het diner.

Als u een wijnfeest organiseert, serveer dan met droge of zoete Portugese wijnen, combinaties van witte, rode, Vinho Verde, Port of Madeira-wijnen.

Verscheidenheid aan Portugese kazen:

Azeitão

Evora-kaas

Nisa

Pico

Sint George

Slang

Serra da Estrela

Kruiden:

amandelen

FIG jam

Marmelada (Portugese kweeperenjam)

Verscheidenheid aan gesneden brood

Houten snijplank of groot bord

Voorbereiding:

Schik de amandelen, vijgenjam en Marmelada in het midden van de snijplank. Schik de verschillende kazen rond de jam.

Schik het gesneden brood en de crackers rond de kaas.

Serveer met droge of zoete Portugese wijnen, wit, rood, Vinho Verde, Porto of Madeira combinaties.

23RODE BONEN EN CHOURIÇO CHILI PEPER

Chouriço com Feijão

De gerookte paprika en kruiden zorgen voor een perfecte smaakcombinatie in deze chili. Het is geweldig voor een feestje of als bijgerecht met bonen bij de volgende maaltijd. Deze familiefavoriet die we Portugese chili noemen, is het recept van mijn man Augie. Serveert 4-6

1 grote chouriço of linguica gesneden in plakjes van 1/4 inch. Opmerking: de tong is pittiger

2 grote blikken gekookte rode bonen

1 kleine ui (gehakt)

2 middelgrote teentjes knoflook (fijngehakt)

1 laurierblad

½ theelepel paprikapoeder

1 of 2 theelepels piri piri of hete saus (optioneel)

½ kopje water

½ glas rode wijn

1 kop gehakte rode tomaten of tomatensaus

2 eetlepels olijfolie

2 eetlepels peterselievlokken (optioneel)

Voorbereiding

In een grote, diepe pan op middelhoog vuur fruit je de uien, knoflook en laurierblaadjes in de olijfolie gedurende 1 tot 2 minuten tot ze glazig zijn. Voeg de gesneden chouriço toe en laat ongeveer 2 minuten koken tot hij licht goudbruin is.

Voeg de overige ingrediënten toe, behalve de peterselievlokken, en breng aan de kook. Zet het vuur lager en kook op laag vuur gedurende 15-20 minuten, af en toe roerend.

Dek af en zet opzij tot klaar om te serveren. De chili zal dikker worden naarmate deze afkoelt.

Opmerking:

Je zult merken dat de chili een beetje waterig kan zijn.

Om het dikker te maken, pureert u eenvoudig ongeveer 1 kopje bonen met een vork, voegt u de chili er weer aan toe en laat u het koken totdat het de gewenste consistentie heeft bereikt.

Om de volgende dag op te warmen, voeg je een beetje kokend water toe om de chili te verdunnen en verwarm je op een laag vuur, terwijl je regelmatig roert.

24GEGRILDE CHOURIÇO

Chouriço Bombeiro

Dit voorgerecht zorgt voor een onvergetelijke eetervaring voor uw gasten. Flaming chouriço zorgt voor een gouden, knapperige schil en hartige smaak. De chouricoworst is gezouten, dus maak je geen zorgen als je denkt dat je hem niet lang genoeg hebt gekookt. De chouricoworst is gezouten, dus maak je geen zorgen als je denkt dat je hem niet lang genoeg hebt gekookt. Serveer met vers knapperig brood. Serveert 4-6

1 hele linguica of chouriço

2 tot 4 ounces hele alcohol

1 x ovenbestendige diepe schotel klei kookpot

Combinaties voor lange haarden

Voorbereiding

Spoel de chouriço af en droog hem met absorberend papier. Doe 2 ons. van alcohol op de bodem van een ovenschaal.

Maak enkele diagonale sneden in de chouriço en leg deze op de bakplaat.

Steek een lucifer aan en laat de alcohol langzaam aansteken. Laat de vlammen de chouriço koken tot hij knapperig is.

Opmerking:

Waarschuwing: raak de vlammen niet aan. Kook in een goed geventileerde ruimte.

Indien gewenst kunt u de chouriço omdraaien om de andere kant te bakken.

Als de vlammen uitgaan voordat de chouriço gaar is, start je het proces opnieuw.

Stort de chouriço op een serveerbord en serveer deze in plakjes.

25GEGRILDE SARDINES MET UIEN EN PEPER

Sardinhas Assadas met Cebolada

Sardines zijn in Portugal net zo populair als de beruchte bacalhau. Bij de meeste zomerfestivals en picknicks zullen sardientjes aanwezig zijn. Portugese sardines hebben het blauwe label dat is toegekend door de Marine Stewardship Council, wat betekent dat bij de sardinevisserij in Portugal rekening wordt gehouden met de duurzaamheid van de mariene hulpbronnen. Het vissen op sardines vindt plaats langs de hele Portugese kust, maar de meest populaire sardines komen uit de Algarve. In Portimão in de Algarve worden de beste vers gegrilde sardientjes gegeten, vooral tijdens het Sardinefestival in de eerste tien dagen van augustus. Serveert 4-6

2 pond verse of bevroren sardientjes

1 grote rode paprika (gehalveerd)

1 grote groene paprika (gehalveerd)

2 grote uien (in grote ringen gesneden)

2 grote teentjes knoflook (gehakt)

¼ tot ½ kopje extra vergine olijfolie

Zeezout

Peper

Zo bereidt u verse of bevroren sardines voor op de grill:

Als uw sardientjes bevroren zijn, ontdooi ze dan in een grote kom door ze eerst af te spoelen met koud water, laat ze uitlekken en bedek ze met een royale laag zeezout.

Laat ze ongeveer 30 minuten bij kamertemperatuur rusten om het zout te absorberen.

Als je ze niet meteen gaat koken, laat dan het vocht uit de kom lopen, dek af en zet in de koelkast tot je klaar bent om ze te grillen.

Als je verse sardines hebt, bedek ze dan met zeezout en laat ze ongeveer 5 minuten rusten voordat je ze grilt.

Voorbereiding

Kook eerst de paprika en uien:

Verwarm de grill op de hoogste stand. Wrijf de uien en paprika's in met zout, peper en een scheutje olijfolie. Kook de paprika's op de grill tot de schil volledig verkoold is en doe ze vervolgens in een schone papieren zak. Zet de uien apart voor later.

Gegrilde sardientjes:

Haal de sardientjes uit de koelkast en giet eventuele vloeistof af.

Dep ze droog en plaats ze op een licht ingevette houtskool- of gasgrill op middelhoog vuur.

Laat de sardientjes koken tot ze goudbruin en licht knapperig zijn. Draai ze voorzichtig rond met een vork en zorg ervoor dat de schil niet kapot gaat.

Houd de sardines uit de buurt van de hitte om te voorkomen dat er zwarte verkoolde vlekken ontstaan.

Wanneer ze volledig gaar zijn, bedek ze dan met huishoudfolie en plaats ze op een bord in de hete oven.

Bereiding paprika en uien:

Haal de paprika's uit de papieren zak en verwijder het vel. U zult merken dat de huid gemakkelijk loslaat. Snijd de paprika's in reepjes en meng ze met de uien in een middelgrote koekenpan.

Voeg de knoflook, olijfolie en nog meer zout en peper toe. Verwarm het mengsel lichtjes.

Dienen:

Schik de warmgekookte sardientjes in het midden van een grote serveerschaal. Omringen met de uien en pepersaus. Serveer met gekookte aardappelen of vers Portugees brood.

26 KNOFLOOK OCTOPUS SALADE

Polvo-salade

Dit snelle voorgerecht is een geweldige manier om overgebleven gekookte octopus te gebruiken. De ui, knoflook en peterselie gemengd met de extra vergine olijfolievinaigrette zorgen voor een unieke smaak bij elke hap. Serveer met knapperig brood of broodjes. Serveert 2-4

3 kopjes gekookte octopus (gehakt)

1 theelepel zout

1 theelepel peper

½ kleine ui (gehakt)

4 teentjes knoflook (gehakt)

2 eetlepels verse peterselie (gehakt)

¼ kopje extra vergine olijfolie

¼ kopje witte wijnazijn

Voorbereiding

Doe alle ingrediënten in een kom. Samenvoegen. Laat het mengsel minimaal 15 minuten marineren voordat u het serveert.

Serveer met knapperig brood.

Serveer of bewaar maximaal 3 dagen in de koelkast.

27 KIKKERERWTEN- EN EIERSALADE

Salada de Grão

Kikkererwten en eieren zijn erg populair en worden vaak geserveerd als hoofdgerecht of als bijgerecht bij vis of bacalhau. In dit recept gebruik ik ingemaakte groenten die een knapperige textuur en een pittige kick toevoegen. Serveer met knapperig brood of broodjes. Serveert 2-3

2 blikjes kikkererwten

6 gesneden hardgekookte eieren

½ theelepel zout

½ theelepel peper

½ kleine ui (fijngehakt)

2 of 3 eetlepels verse peterselie (fijngehakt)

½ kopje ingemaakte groenten (fijngehakt) (optioneel)

¼ tot ½ kopje extra vergine olijfolie

¼ kopje witte azijn

Voorbereiding

Spoel de kikkererwten af, laat ze uitlekken en doe ze in een middelgrote kom. Combineer alle ingrediënten behalve de eieren.

Proef en voeg indien gewenst extra kruiden toe.

Laat het mengsel minimaal 15 minuten staan om de smaken te absorberen. Beleg met gesneden eieren en garneer met peterselie.

28GEDUVELDE EIEREN

Ovos Recheados

Het woord 'duivel' in de naam van het recept verwees oorspronkelijk naar de combinatie van kruiden, waaronder mosterd, waarmee de eieren worden gekruid. Ik gebruik piri piri hete saus samen met mosterd om de eieren een pittige kick te geven. Het is 24

12 eieren

½ kopje mayonaise

1 theelepel Dijon-mosterd

¼ theelepel zout

¼ theelepel peper

½ theelepel piri piri of een hete saus (optioneel)

Paprika voor garnering

Voorbereiding

Doe de eieren in een middelgrote pan en bedek ze met water. Kook gedurende 10 minuten en laat een paar minuten rusten in de pan.

Giet ze af en voeg voldoende koud water toe zodat ze onder water staan in dezelfde pan. Laat 5 minuten staan om af te koelen.

Klop zachtjes tegen de eieren en breek de schaal rondom het ei. Dit maakt het gemakkelijker om het te pellen.

Snijd de eieren voorzichtig in de lengte door en schik ze op een serveerschaal.

Verwijder de eierdooiers en doe ze in een kleine kom. Meng alle ingrediënten behalve de paprika. Proef en voeg indien gewenst meer kruiden toe.

Opmerking:

Serveer of bewaar maximaal 2 dagen in de koelkast

29PORTUGESE TONIJNSALADE

Salada de Atum

Ingeblikte vis en zeevruchten zijn enorm populair in onze keuken. Veel steden in Portugal hebben winkels die zich specifiek richten op de verkoop van soorten ingeblikte vis, zoals sardines, tonijn, octopus en calamares.

Dit gerecht kan als hoofdgerecht worden geserveerd met gekookte aardappelen en hardgekookte eieren en vervolgens worden gemengd met een eenvoudige dressing van olijfolie en azijn. Serveert 2

1 blikje tonijn in water of olijfolie

1 kop druif, kers of een gesneden tomaat

¼ kopje ui of sjalot (fijngehakt)

Aankleden:

1 eetlepel olijfolie

1 eetlepel witte wijnazijn

Zout naar smaak

Peper naar smaak

Peterselie vlokken

Snijd de tomaten doormidden of in stukjes en doe ze in een middelgrote kom.

Giet de tonijn af en voeg deze toe aan de kerstomaatjes.

Doe de overige ingrediënten in een kleine kom en roer krachtig om de smaken op te nemen.

Maak de dressing klaar door alle ingrediënten in een kleine kom te doen. Goed mengen.

Giet de dressing over de tonijn en tomaten en meng voorzichtig.

Serveer op een bedje sla, met brood of gekookte aardappelen

De hond kwispelt niet met zijn staart voor jou, maar voor jouw brood.

–Portugees spreekwoord

30CHOURIÇO EN CHAVES HAMBROOD

Folar de Chaves

Folar heeft een lange traditie in de cultuur van de Portugese keuken. Over het algemeen wordt het eierrijke brood gevuld met verschillende soorten vleeswaren, zoals; ham, vermoedelijk, gezouten spek, salpicao en chouriço, maar er zijn veel variaties en elke familie heeft zijn eigen recept. Typisch wordt dit brood bereid tijdens de paasperiode, maar het wordt ook het hele jaar door zeer gewaardeerd.

Dit "Folar de Chaves" recept is van mijn moeder. Het is ontstaan in de noordoostelijke Portugese regio's Chaves, waar het vandaan kwam. Ze stond bekend om haar folar en niemand kon het repliceren. Zijn geheime manier om het deeg met de hand te kneden tot het licht, luchtig en vol luchtbellen was, zorgde voor een licht, vochtig brood. Tegenwoordig eren Lisa en ik de traditie van mijn moeder om dit brood elk jaar tijdens Pasen en andere familiefeesten en feestdagen te bakken. Voor 2 middelgrote broden

12 Jumbo bruine eieren (kamertemperatuur)

10 kopjes gezeefde bloem

2 blokjes (6 ons) verse gist

1 kopje warm water

1 eetlepel zout

1 stuk boter of margarine (8 eetlepels)

½ kopje olijfolie

4 kopjes gerookte ham (hamschenkel) gesneden in reepjes van 1/2 x 2 inch

1 of 2 hele chouriço- of tongworstjes

1 kopje gehakt (gerookt spek) (indien gewenst)

Voorbereiding

Verhit het water, de margarine en de olijfolie in een pan op laag vuur. Als de margarine gesmolten is, test je hem met je vinger. Het moet warm zijn en niet koken. Voeg de gist toe en meng om deze op te lossen. Opzij zetten.

Klop de eieren schuimig en zet opzij.

Zeef de bloem en het zout in een zeer grote kom. Maak een kuiltje in het midden van de bloem en voeg het ei-gistmengsel toe. Kneed met de hand of met de deeghaak gedurende minimaal 10 minuten tot het deeg licht en gezwollen is. Zoek naar eventuele luchtbellen in het beslag.

Opmerking:

Het deeg zal dun en zeer elastisch zijn, niet zo compact als brooddeeg. Als je het te vloeibaar vindt, voeg dan de bloem 2 eetlepels per keer toe en meng goed.

Vet je handen in met olijfolie en vorm het deeg tot een bal. Doe het deeg in een grote kom, ingevet met olijfolie en bestrooid met bloem.

Maak een kruis in het midden van het deeg om het te "zegenen".
Dek af met huishoudfolie en laat rusten tot het volume verdubbeld
is, ongeveer 2 uur.

Deze stap is optioneel, afhankelijk van uw zoutvoorkeuren:

Snijd de chouriço in de gewenste dikte van de plakjes. Doe het
vlees in een pan met kokend water en laat het ongeveer 2-3
minuten koken om het zout te verwijderen. Giet het vlees af, droog
het en laat het afkoelen. Gebruik het vlees zoals het is als je de
voorkeur geeft aan zouter brood.

Zodra het deeg is gerezen, vett u uw handen licht in met bloem en
giet u ze op een oppervlak dat licht is ingevet met olijfolie, groot
genoeg om het deeg vast te houden. Giet het op een licht ingevet en
met bloem bestoven oppervlak, groot genoeg voor het deeg.

Als het deeg klaar is, verdeel het dan in tweeën. Rek elk stuk uit tot
een rechthoek van 12 bij 16 inch alsof u pizzadeeg hanteert, en
zorg ervoor dat u het niet scheurt.

Verdeel het vlees gelijkmatig over het deeg. Begin het deeg
voorzichtig tot een brood te rollen. Als er gaten ontstaan, sluit deze
dan door met uw vingers in het deeg te knijpen.

Plaats de Folar op licht met bloem bestoven bakplaten of in
gevormde broodpannen.

Laat het deeg 10 minuten rusten alvorens te bakken.

Verwarm de oven voor op 400 graden F.

Kook ongeveer 45 minuten op 400 en verlaag dan het vuur tot 350
graden. Kook nog eens 15 minuten en zet het vuur uit. Indien
nodig langer koken. De vacht moet een donkergouden kleur
hebben. Laat afkoelen alvorens te snijden

Opmerking:

Bij sommige ovens duurt het koken langer. Controleer de gaarheid door met uw knokkels op de folar te tikken. Je zou een hol geluid moeten horen.

Voor kleinere broden: bak 30-45 minuten.

Bewaar in de koelkast.

Je kunt folar ook invriezen door het in dikke folie te wikkelen en vervolgens in diepvrieszakken te doen. Het zal binnen een paar uur of een nacht in de koelkast ontdooien

.

31 PORTUGESE ZOET BROOD

Pão Doce

Dit lichte en luchtige zoete brood wordt meestal gemaakt tijdens de kerst- en paasperiode. Het wordt het hele jaar door gedronken, ook als ontbijt, tijdens de maaltijd en zelfs als dessert. Er zijn veel variaties op de recepten voor het maken van dit brood, sommige recepten gebruiken rozijnen, citroenschil, rum of whisky om de smaak te intensiveren. Het zoete brood dat tijdens Pasen wordt bereid, heet Folar de Pascoa, waarbij vaak een hardgekookt ei in het deeg wordt gekookt om de vruchtbaarheid en wedergeboorte van Christus aan te duiden.

Voor ongeveer 2 grote broden of 24 minibroodjes

6 tot 7 kopjes bloem

2 ½ pakje actieve droge gist

1 kopje warme melk

1 stokje margarine

1 eetlepel zout

4 gigantische eieren

1 kopje suiker

1 eetlepel (whisky – aguardente) (of de schil van een citroen als je brood met citroensmaak wilt)

¼ kopje warm water

¼ theelepel suiker

Verwarm de melk, maar verbrand deze niet. Haal van het vuur en roer de margarine erdoor tot het gesmolten is. Voeg de suiker, het zout toe en meng. Plaats in een grote kom om af te koelen.

Maak ondertussen de zuurdesemstarter door de gist te mengen met ¼ kopje warm water en ¼ theelepel suiker. Roer tot het volledig is opgelost en laat rusten totdat je ziet dat de belletjes geactiveerd worden.

Klop de eieren een paar minuten los en voeg ze toe aan de melk. Voeg de gist samen met de whisky toe aan de melk en klop 2 minuten.

Begin met het toevoegen van bloem 1 kopje per keer tot het is opgenomen. Gebruik deeghaken of je handen om ongeveer 10 minuten te kneden.

Het beslag moet zeer zijdezacht, glad en licht plakkerig zijn. Voeg meer bloem toe als je het deeg plakkerig vindt.

Haal het deeg uit de mixer, plaats het op een met bloem bestoven oppervlak en kneed ongeveer 5 minuten tot het deeg glad is.

Doe het deeg in een grote met bloem bestoven kom en dek af met plasticfolie en een warme handdoek.

Laat het 2 tot 3 uur op een warme plaats rijzen, of tot het verdubbeld is.

Nadat het deeg is verdubbeld, neemt u het terug en laat u het nog eens 30 minuten rijzen. Leg het deeg op een met bloem bestoven oppervlak en vorm het brood tot een vlecht, brood of minibroodjes.

Laat het deeg nog een uur rijzen.

Verwarm de oven voor op 325 graden F.

Bestrijk de bovenkant van het brood met eierwas en bak gedurende 30 minuten. Verhoog na 30 minuten het vuur tot 300 graden en bak nog eens 30 minuten tot het brood een gouden karamelkleur heeft.

Opmerking:

Als je 2 kleinere broden wilt maken, bak ze dan ongeveer 45 minuten.

De minibroodjes zijn in minder tijd gaar, ongeveer 45 minuten.

Het kan zijn dat uw oventemperatuur varieert; pas deze dienovereenkomstig aan.

32AMBACHTELIJK MAISBROOD

Broa

Dit zeer populaire maisbrood komt oorspronkelijk uit de Noord-
Portugese regio Tras os Montes. Het bijzondere aan het maken van
dit brood is dat je eerst kokend water gebruikt om de maïsmeel
voor te koken voordat je de gewone bloem toevoegt. Dit is de
zogenaamde voorverstijfseling van maïsmeel, vergelijkbaar met
het koken van polenta.

Dit brood past perfect bij gegrilde sardines, vleeswaren en
Portugese kazen. Ik heb een goede herinnering aan het eten van
dit brood in mijn geboortestad in Portugal met het zogenaamde
Tras os Montes-brood. Voor 1 brood

3 en 3/4 kopjes witte of gele maïsmeel (geen maïsmeel)

3 kopjes bloem voor alle doeleinden

3 kopjes kokend water

1 eetlepel gesmolten boter

2 theelepels suiker

2 theelepels zout

Initiële gist:

¼ kopje warm water

½ theelepel suiker

2 theelepels bakpoeder

1 eetlepel bloem

Voorbereiding

Opmerking:

Bereid eerst de zuurdesemstarter door alle ingrediënten te combineren en zet deze een paar minuten opzij totdat er gistbelletjes ontstaan.

Doe de maizena in een kom en voeg het kokende water, de boter, de suiker en het zout toe. Meng goed met een deeghaak of met je handen als het deeg koel genoeg is om te hanteren. Hierdoor wordt het kookproces van het maïsmeel gestart.

Laat het deeg ongeveer 10 minuten rusten en voeg dan beetje bij beetje de normale bloem toe. Voeg het gistmengsel toe en kneed tot het deeg glad is en tot een bal gevormd kan worden.

Leg het deeg op een met bloem bestoven oppervlak, vorm het tot een bal, leg het in een ingevette ronde pan en bestuif met maïsmeel. Laat het deeg ongeveer 1 uur in volume verdubbelen. Je zult merken dat er scheurtjes in het deeg ontstaan, maar dit is precies wat het deeg zijn ambachtelijke uitstraling geeft.

Verwarm ondertussen de oven voor op 450 graden F.

Bak ongeveer 30-45 minuten tot de korst donker goudbruin van kleur is.

Om de gaarheid te testen, slaat u met uw knokkels op het brood en luistert u naar een heilig geluid. Het kan zijn dat u het brood langer moet bakken, afhankelijk van uw oven, omdat de temperaturen kunnen variëren.

Laat het brood afkoelen voordat je het aansnijdt. Het brood zal erg knapperig zijn. Als je een zachtere korst wilt, plaats je het afgekoelde brood een paar minuten in een plastic voedselzak.

33 PORTUGESE ROLLEN

Papos Secos

Verschillende regio's van Portugal hebben hun eigen favoriete brood, maar Papo Seco is in veel huizen het populairste brood en een hoofdbestanddeel van elk restaurant dat de Portugese keuken serveert.

Sandwiches zijn een perfecte container voor sandwiches, gedoopt in soepen en sauzen of geserveerd met boter. Mensen zeggen vaak dat ik een 'papo seco' heb, wat letterlijk 'droge keel' betekent, om aan te geven dat ze iets te drinken nodig hebben. Dit recept is gebaseerd op een recept dat ik kreeg van Leonor Santos. Maakt ongeveer 2 dozijn rollen

10 1/2 kopjes bloem voor alle doeleinden (plus meer voor kneden)

1 1/4 eetlepel zout

1 en 1/4 eetlepels suiker

2 pakjes actieve droge gist

3 eetlepels margarine (gesmolten)

3 kopjes warm water

Meng water, suiker, zout en gist in een grote kom en meng goed.

Voeg de bloem toe aan de gist en meng met je handen of met de deeghaak. Blijf mixen totdat er een zacht deeg ontstaat en een bal vormt.

Doe het deeg in een ingevette en met bloem bestoven kom. Dek af en zet op een warme plaats tot het deeg in volume is verdubbeld.

Als het deeg gerezen is, vorm je het brood in de vorm van een donut, maak je met je hand een kuiltje in het midden en leg je het op een ingevette platte bakplaat.

Bestuif met bloem, dek af en plaats op een met bloem bestoven bakplaat. Laat de broodjes ongeveer 60 minuten in volume verdubbelen.

Bak op 375 graden F tot ze goudbruin zijn, ongeveer 30 tot 45 minuten

34CHOURIÇO BROOD

Pão de Chouriço

Ik maak dit brood heel vaak voor feestjes, picknicks, spelletjesavonden of voor een snelle snack. Mijn familie is er dol op en herkent het aroma zodra het de voordeur binnenkomt, telkens als ik het maak. Ik raad aan om een dubbele portie te maken, want voor je het weet is dit brood op. Voor 1 grote of 2 kleine broden

1 grote chouriço of linguica (in ¼ inch gesneden)

2 grote uien (in dunne plakjes gesneden)

1 grote rode paprika (in dunne plakjes gesneden)

2 eetlepels olijfolie

2 pond pizzadeeg of Papo Seco-recept op de vorige pagina

1 pakje (16 ounces) van je favoriete geraspte kaas (indien gewenst)

Voorbereiding

Doe het pizzadeeg in een grote kom en laat het ongeveer 30 minuten/1 uur rijzen tot het in omvang is verdubbeld.

Verwarm de oven voor op 400 graden F.

Fruit de ui en paprika in een grote pan in olijfolie tot ze goudbruin zijn. Voeg de chouriçoworstjes toe en bak ze ongeveer 1 minuut bruin.

Rol ondertussen het pizzadeeg uit tot de gewenste lengte. Je kunt 1 groot brood of 2 middelgrote broden maken. Verdeel het chouriço-uienmengsel gelijkmatig over het deeg. Voeg desgewenst op dit punt kaas toe.

Rol het deeg voorzichtig uit tot een lange broodvorm, waarbij u de randen van het brood eronder vouwt. Bak ongeveer 20 minuten of tot ze goudbruin zijn, afhankelijk van je oven. Raak het brood voorzichtig aan en luister naar het doffe geluid. Op dit punt is het brood klaar. Laat afkoelen alvorens te snijden.

35 ZELFGEMAAKT BROOD

Pão Caseiro

Dit recept is overgenomen van mijn goede vriend Miguel Carvalho. Zijn recept, afkomstig uit de regio Alentejo in Portugal, gebruikt sinaasappelsap om het brood een zoete smaak te geven. De eerste keer dat ik dit brood maakte, heb ik bijna alles zelf opgegeten omdat het zo lekker was, dus wees voorzichtig!

Voor 2 middelgrote broden

7 kopjes bloem

2 theelepels zeezout

2 pakjes (elk 2 1/2 theelepel) actieve droge gist

1 theelepel suiker

½ kopje sinaasappelsap

½ kopje melk

2 ½ kopjes heet water

Voorbereiding

Los het zout op in het water. Doe de bloem in een grote kom en voeg de gist, suiker, melk, sinaasappelsap en gezouten water toe.

Meng alle ingrediënten met een houten lepel tot er een zacht deeg ontstaat, of gebruik een planeetmenger met deeghaak of een broodmachine met deegcyclus. Als het deeg nog steeds erg zacht is, voeg dan meer bloem toe.

Dek de kom af met een warme doek en laat minimaal een uur rijzen, of tot het volume verdubbeld is. Bebloem je handen en leg het deeg op een met bloem bestoven oppervlak. Kneed het deeg een paar minuten en verdeel het in 2 delen.

Verwarm de oven voor op 400 graden F.

Vorm ronde broden van het deeg en leg ze op een licht met bloem bestoven bakplaat. Laat het deeg 15 minuten rusten.

Kook ongeveer 30-40 minuten of tot er een gouden, donkere korst ontstaat. Tik met je knokkels op het brood om een dof geluid te horen als het gaar is.

Koel alvorens te snijden.

36KNOFLOOK EN ROZEMARIJN FONDINA

Broa de Alecrim

In mijn woonplaats wordt focaccia vaak "Bica" genoemd. Wanneer ik deze focaccia maak, denk ik terug aan de geboorteplaats van mijn familie, waar brood voor ons dorp werd gebakken in een gemeenschappelijke oven uit de Romeinse tijd.

Een mannelijke bewoner maakte de houtoven klaar om twee keer per week brood te bakken voor de gemeenschap. In die tijd bracht elk gezin vroeg in de ochtend het gerezen deeg klaar om in de oven te worden gekookt. Als compensatie voor zijn diensten schonk elk gezin een deel van het gebakken brood aan de bakker.

Voor 1 grote of 2 kleine focaccia's

5 ½ kopjes bloem

1 ¾ kopjes heet water

¼ kopje olijfolie

1 pakje (2 en ½ theelepel) gist

1 eetlepel zout

1 eetlepel suiker

Kruiden:

2 teentjes knoflook

¼ kopje olijfolie

2 of 3 theelepels rozemarijn (gehakt)

1 eetlepel zeezout

Voorbereiding

Maak eerst de zuurdesemstarter:

Doe de gist, het warme water, het zout en de suiker in een kleine kom. Meng goed en laat ongeveer 5 minuten rusten tot er belletjes ontstaan.

Doe de bloem in een grote kom. Voeg ¼ kopje olijfolie en het gistmengsel toe aan het midden en meng met de deeghaken tot het een ronde bal vormt. Voeg eventueel wat bloem toe als het deeg te plakkerig is.

Haal het deeg uit de kom en kneed ongeveer 5 minuten. Doe het in een met bloem bestoven kom, dek af met plastic en een warme handdoek. Laat het 1 uur op een warme plaats rusten, of tot het deeg in omvang is verdubbeld.

Meng de overige ¼ kopje olijfolie en knoflook in een kleine kom en zet opzij tot het deeg is gerezen.

Bestrijk een grote bakplaat met een beetje olijfolie.

Verdeel het gerezen deeg over de bakplaat. Gebruik je vingers om het deeg op de bakplaat uit te spreiden en prik er met je vingers in, zodat er spleten ontstaan. Bestrijk met een laagje olijfolie. Zet de focaccia ongeveer 1 uur op een warme plaats, tot hij in omvang is verdubbeld.

Verwarm de oven voor op 425 graden F.

Zodra het deeg gerezen is, bestrijk je het deeg met de overgebleven olijfolie en knoflook en garneer je met de rozemarijn en zeezout.

37PORTUGESE RIJST

Arroz à Portuguesa

Rijst is een basisingrediënt van onze keuken en werd voor het eerst door de Arabieren naar het Iberisch Schiereiland gebracht. Tijdens het bewind van koning Dom Dinis verschenen de eerste schriftelijke verwijzingen naar de rijstteelt, maar rijst werd in die tijd vooral geconsumeerd door de rijken. Mijn vader heette Dinis ter ere van de koning, misschien hield hij daarom zo veel van rijst! Ze leerde me voor het eerst rijst koken toen ik een klein meisje was. Hij leerde me dat het geheim van luchtige rijst is om hem te koken via de frituurmethode. Bestrijk de rijst eerst met de hete olijfolie en bak hem lichtjes voordat je het kokende water of de bouillon toevoegt.

Serveert 6-8

2 kopjes ongekookte langkorrelige rijst

1 kleine ui (fijngehakt)

2 eetlepels olijfolie

1 kippenbouillonblokje of (1 kopje kippenbouillon, maar verminder het water met 1 kopje)

4 kopjes kokend water

1 theelepel zout

¼ theelepel paprikapoeder of 1 eetlepel tomatensaus (optioneel)

Voorbereiding

Fruit de uien in een middelzware pan of diepe koekenpan op middelhoog vuur in olijfolie gedurende ongeveer 1 tot 2 minuten tot ze goudbruin zijn.

Voeg de rijst toe aan het mengsel van uien en olijfolie en laat de rijst een paar minuten bakken tot hij bedekt is met de olie. Voeg het kokende water, paprikapoeder, bouillon en zout toe en meng.

Laat de rijst weer aan de kook komen en zet het vuur middelhoog. Roer, dek de pan af en laat 15 minuten koken.

Haal na 15 minuten de pan open, meng de rijst, proef en voeg indien gewenst meer zout toe.

Zet het vuur uit, dek af en haal de pan van het vuur tot hij klaar is om te serveren.

Zo maak je een rijstpiramide:

Vet een klein vormpje of kopje licht in. Doe de rijst in de ovenschaal of beker en druk stevig aan. Keer de rijst om op een serveerbord. Als je merkt dat de rijst aan de vorm blijft plakken, smeer hem dan opnieuw in voordat je elke piramide vormt.

Opmerking:

Ik hou van stevigere rijst, kook hem langer als je dat liever hebt.

Voeg nooit koud water toe aan rijst nadat deze is begonnen te koken, omdat deze dan vastloopt en hard wordt.

38RABE BROCCOLI RIJST

Arroz de Grelos

Het basisrijstrecept op de vorige pagina is eenvoudig te bereiden. Om variaties op de rijst te maken, voeg je eenvoudig groenten toe zoals raapstelen, broccoli, bloemkool, maar ook erwten en wortels een paar minuten voordat de rijst klaar is met koken. Serveert 6-8

1 bosje raapstelen (gewassen en gehakt)

2 kopjes langkorrelige rijst

3 eetlepels olijfolie

1 kleine ui (fijngehakt)

2 teentjes knoflook (fijngehakt)

1 laurierblad

4 kopjes kokend water

1 theelepel zout

Voorbereiding

Blancheer de raapstelen ongeveer 5 minuten in kokend water om de bitterheid te verminderen. Droogleggen.

Fruit de ui, knoflook en laurier in een grote pan een paar minuten in olijfolie tot de ui glazig is.

Voeg het water, het zout toe en kook.

Voeg de rijst en broccoli toe. Breng aan de kook, dek af en kook gedurende 15 minuten op middelhoog vuur, af en toe roerend.

Haal van het vuur, roer, proef of de rijst gaar is en laat de rijst een paar minuten afgedekt rusten om overtollig vocht te absorberen.

Voor het serveren voorzichtig losmaken met een vork.

39 RIJST MET SLABONEN PORTUGESE STIJL

Arroz de Feijão Verde

In dit recept kun je elke soort sperziebonen gebruiken. Rijst past goed bij vlees, gevogelte of vis.

Serveert 6-8

2 kopjes verse of bevroren sperziebonen

2 kopjes langkorrelige rijst

½ kleine ui (fijngehakt)

1 kleine, zeer rijpe tomaat (met zaden)

2 eetlepels olijfolie

2 kopjes kippen- of groentebouillon

2 kopjes kokend water

1 theelepel zout

Voorbereiding

Fruit de ui op middelhoog vuur met de olijfolie in een middelgrote, zware pan tot hij glazig is.

Voeg de tomaat toe, kook ongeveer 1 minuut en prak hem fijn met een lepel of vork.

Voeg het water en de bouillon toe en kook tot het kookt.

Voeg de rijst en het zout toe. Dek af en kook gedurende 10 minuten op middelhoog vuur.

Haal de rijst eraf en voeg de sperziebonen toe. Meng, dek af en kook nog eens 10 minuten op middelhoog vuur. Af en toe roeren.

Als u merkt dat de rijst vloeistof nodig heeft, voeg dan slechts een half kopje kokend water of bouillon per keer toe totdat de rijst naar wens gaar is.

40KIKKERERWTENRIJST

Arroz met Grão

Kikkererwten voegen een nootachtige crunch toe aan deze rijst. Het past goed bij vis of vlees.

Serveert 6-8

2 kopjes rijst

4 kopjes kokend water

1 kleine ui (gehakt)

2 eetlepels olijfolie

1 eetlepel tomatensaus

1 theelepel zout

1 klein blikje kikkererwten (uitgelekt en afgespoeld)

1 theelepel peterselie (fijngehakt) (optioneel)

Voorbereiding

In een middelzware koekenpan fruit je de ui in olijfolie op middelhoog vuur tot hij glazig is.

Voeg de rijst toe en roer zodat deze bedekt is met de olijfolie. Laat de rijst ongeveer 2 minuten op middelhoog vuur bakken.

Voeg het water, de tomatensaus en het zout toe en laat het koken. Zet het vuur middelhoog, roer en dek af.

Laat de rijst 15-20 minuten op middelhoog vuur koken, al roerend een paar keer.

Voeg nadat de rijst gekookt is de uitgelekte kikkererwten toe, meng, dek de pan af en laat de rijst rusten tot hij klaar is om te serveren.

41 TOMATEN RIJST

Arroz de Tomate

Dit rijstrecept is het populairst. Het past perfect bij gebakken visfilets, maar kan ook geserveerd worden bij gegrild of geroosterd vlees.

Serveert 6-8

1 kleine ui (fijngehakt)

1 teentje knoflook (fijngehakt)

2 eetlepels olijfolie

1 laurierblad

1 kopje gemalen rijpe tomaten

2 kopjes rijst

4 kopjes kokend water

1 kippenbouillonblokje (optioneel)

Peterselie voor garnering

Voorbereiding

Fruit in een middelzware pan de ui, knoflook en laurier in olijfolie gedurende ongeveer 2 minuten op middelhoog vuur. Voeg de tomaat toe en kook tot deze ingedikt en ingedikt is. Pureer de tomaat met een aardappelstamper of een vork. Als je van grote kerstomaatjes houdt, laat ze dan zoals ze zijn.

Voeg de rijst, het zout, een snufje suiker, het bouillonblokje en het kokende water toe. Meng de rijst, dek af en kook ongeveer 15-20 minuten op middelhoog vuur, terwijl je een paar keer roert.

Haal van het vuur en zet opzij tot klaar om te serveren.

Opmerking:

Voeg meer tomaten toe als je meer rijst met tomatensmaak wilt.

42 PORTUGESE GEROOSTERDE AARDAPPELEN

Batata Assadas

Het geheim van perfecte gebakken aardappelen is om ze te bedruipen met goede olijfolie en vervolgens zout en boter toe te voegen. Ook voeg ik uien toe, waardoor de aardappelen een zoete en hartige smaak krijgen. Laat ze vervolgens koken op 400 graden, waarbij je de pan elke 15 minuten zachtjes draait. Gebruik een spatel om ze te keren. Laat ze langer koken om een echt knapperig vel te krijgen. Serveert 8-10

2 pond aardappelen in stukken van 2 inch gesneden of kleine nieuwe aardappelen

1 kleine ui (gehakt)

1 theelepel zout

1 theelepel knoflookpoeder

½ theelepel peper

1 theelepel paprikapoeder

¼ stokje margarine of gesmolten boter

¼ kopje olijfolie

Voorbereiding

Doe alle ingrediënten in een grote kom. Goed roeren om de aardappelen te bedekken.

Doe de gekruide aardappelen in een middelgrote ingevette ovenschaal en schud de pan om ze gelijkmatig te verdelen.

Bak op 400 F gedurende ongeveer 1 uur of tot de vork gaar is.

Opmerking:

Roer de aardappelen elke 15 minuten om, zodat een knapperige textuur ontstaat. Gebruik een spatel om de aardappelen te keren, gebruik geen vork.

43GEDWONGEN AARDAPPELS IN DE VORM VAN EEN BRAADSEL

Batata's in Murro

Deze knoflookaardappelen zijn een heerlijk bijgerecht en zo eenvoudig te maken dat je misschien nooit meer een aardappel hoeft te schillen. Was en droog ze eenvoudig, bestrijk ze met olijfolie en zout en kook ze vervolgens. Ik maak de knoflookolie door de olie in een pan of schaal in de magnetron te doen, een minuut of twee te laten koken en dan de olie over de gekookte aardappelen te sprenkelen. Deze aardappelen worden vaak geserveerd met bacalhau of gebakken vis, maar passen uitstekend bij elk vlees.

Serveert 6-8

2 pond kleine ronde aardappelen (met schil)

Grof zout

4-6 teentjes knoflook (fijngehakt)

½ tot 1 kopje olijfolie

Voorbereiding

Was en schrob de aardappelen. Verwijder eventuele onvolkomenheden en droog. Prik er met een vork op een paar plaatsen in.

Bestrijk ze met een scheutje olijfolie en wrijf ze in met zeezout. Schik de aardappelen in een kleine ovenschaal of pan. Om het serveren makkelijk te maken, gebruik ik een ovenschaal.

Bak op 400 F gedurende 45 minuten tot 1 uur, afhankelijk van je oven.

Maak ondertussen de knoflookolie klaar:

Verhit de olie in een pan of in de magnetron en voeg de knoflook toe. Kook op laag vuur gedurende een minuut of twee tot de knoflook lichtbruin is. Laat het niet te gaar koken, anders wordt de knoflook bitter.

Om de gaarheid van de aardappelen te testen, prikt u er met een vork in of knijpt u voorzichtig in een aardappel terwijl u een ovenwant vasthoudt. De aardappel moet zacht zijn.

Als de aardappelen klaar zijn, sla je ze met je vuist gewikkeld in een schone doek of met een vleeshamer tot ze opengaan.

Opmerking:

De aardappelen zijn heet, wees voorzichtig!

Wanneer u klaar bent om te serveren, opent u de aardappelen voorzichtig en giet u de hete knoflookolie erover.

.

44AARDAPPELOMELET MET VERMEENDE

Omelet de Batata en Presunto

Toen ik nog bij mijn ouders woonde, werd ik vaak om 6 uur 's ochtends wakker door de geur van de gegrilde chouriço of omeletten die mijn moeder maakte voor de lunch van mijn vader.

Toen de kleinkinderen arriveerden, voegde hij heel dun gesneden gebakken aardappelen toe aan de omeletten. Deze omeletten werden de favoriete lunch van de kleinkinderen bij Avo (grootmoeder).

Serveert 2-3

6 hele eieren

2 kopjes dun gesneden gekookte chips of chips

2 plakjes Presunto of ½ chouriço in kleine plakjes gesneden

¼ kopje ui (fijngehakt)

2 theelepels verse peterselie (gehakt)

Olijfolie

Gemalen zwarte peper

Kaas (optioneel)

Voorbereiding

Klop de eieren in een grote kom schuimig en voeg de frites of aardappelen toe. Laat ongeveer 5 minuten zitten om zacht te worden.

Fruit ondertussen op hoog vuur de uien en de chouriço in 3 eetlepels olijfolie tot ze knapperig zijn.

Voeg het ei-aardappelmengsel toe aan de pan.

Voeg 1 theelepel peterselie toe.

Kook op middelhoog vuur gedurende 3-5 minuten en schud de pan zodat deze niet blijft plakken.

Dek de pan af met een groot bord, doe de omelet terug in de pan met de rauwe kant naar beneden en bak nog 2 minuten.

Eventueel bestrooien met kaas en peterselie.

45PORTUGESE AARDAPPELSALADE

Russische salade

Mijn meter leerde mij dit recept toen ik heel klein was. De eerste keer dat ik het probeerde, vond ik het niet lekker omdat het erwten, wortels, sperziebonen en iets genaamd "mayonaise" bevatte, waar ik nog nooit van mijn leven van had gehoord. Hij noemde het 'Russische salade', nog een woord dat ik nog nooit eerder had gehoord. Tegenwoordig is dit tijdens de zomermaanden de favoriete aardappelsalade van mijn familie geworden. Serveert 6-12

2 1/2 pond geschilde of ongeschilde aardappelen (in blokjes van 1 inch gesneden)

½ kleine ui (fijngehakt)

1 kopje verse of bevroren kleine erwten

1 kopje verse of bevroren wortelen, in blokjes van 1/4 inch gesneden

1 kop verse of bevroren bijgesneden sperziebonen (optioneel)

1 eetlepel gehakte peterselie

2 theelepels zout

½ theelepel peper

½ theelepel knoflookpoeder

2 eetlepels Italiaanse saladedressing

½ kopje mayonaise

½ theelepel paprikapoeder

6 hardgekookte eieren (optioneel)

Voorbereiding

Doe de aardappelen in gezouten water en kook ze. Voeg na 5 minuten de wortels en sperziebonen toe.

Laat de groenten opnieuw aan de kook komen en kook ongeveer 5 minuten langer.

Prik gaatjes in de aardappelen om er zeker van te zijn dat ze gaar zijn. Voeg de laatste 5 minuten van het koken de erwten en uien toe.

Giet de aardappelen af in een vergiet en laat ze afkoelen. Als het koud is, doe je het in een grote kom.

Voeg alle andere ingrediënten toe, behalve de eieren. Vouw het mengsel er met een plastic spatel doorheen en roer voorzichtig om de aardappelen niet te breken.

Snijd de eieren in vieren en voeg ze toe aan de aardappelen.

Schik de salade op een serveerbord en garneer met peterselie en een beetje paprikapoeder.

Opmerking:

Bewaar maximaal 3 dagen in de koelkast.

46EI- EN AARDAPPELSALADE

Salada de Tomate en Batatas met Ovos

Deze salade maak je makkelijk in één slakom en is een perfect gerecht op je drukke dagen. Tijdens de zomermaanden bereid ik deze salade minimaal één keer per week met traditionele Portugese tomaten die ik in onze tuin kweek. Het past goed bij alle gegrilde vlees- en visgerechten en kan als hoofdgerecht als salade worden geserveerd.

Serveert 4-6

6 rijpe tomaten (in dikke plakjes gesneden of in vieren)

6 gekookte nieuwe aardappelen (in blokjes van 2 inch gesneden)

6 hardgekookte eieren (in vieren gesneden)

1 kleine ui (in plakjes gesneden)

Olijven (optioneel)

Aankleden:

¼ kopje witte wijnazijn

¼ kopje olijfolie

zout

Peper

2 eetlepels peterselie (gehakt)

Basilicum (gehakt)

Schik de aardappelen, tomaten en eieren op een groot serveerbord.

Doe de ingrediënten voor de dressing in een pot met deksel of in een kom en meng goed.

Breng de salade op smaak met de dressing, roer voorzichtig om en serveer.

47PORTUGESE STOOFHOOFD VAN WEEKDIEREN

Mariscada

Dit is het favoriete visgerecht van mijn familie dat ik jaren geleden van een Portugese chef-kok heb geleerd. De combinatie van ingrediënten en kruiden past perfect bij de verse vis en zorgt voor een rijke en smaakvolle bouillon. De zeevruchten passen perfect bij de Portugese rijst.

Serveert 2-4

1 hele rauwe kreeft (in vieren gesneden)

1 pond rauwe garnalen, gepeld en ontdaan van de darmen

1 pond mosselen of kokkels (gewassen)

½ pond Sint-jakobsschelpen

Een halve kilo calamares (in ringen gesneden)

1 kleine ui (fijngehakt)

2 teentjes knoflook (gehakt)

¼ kopje olijfolie

1 kopje Vinho Verde of witte wijn

1 theelepel zout

1 theelepel paprikapoeder

1 kopje kippenbouillon

2 eetlepels boter

2 eetlepels gehakte koriander (garnering)

Knijp citroensap

Een snufje hete saus (indien gewenst)

Voorbereiding

Fruit de ui en knoflook in olijfolie in een grote, zware koekenpan op middelhoog vuur gedurende één minuut. Voeg de kreeft toe en bak enkele minuten op laag vuur. Voeg de mosselen, wijn, paprikapoeder, zout, bouillonblokje en peper toe, dek af en kook gedurende 5 minuten.

Voeg de kippenbouillon, garnalen en sint-jakobsschelpen toe, dek af en kook op middelhoog vuur nog 5 minuten of tot de mosselen open zijn gegaan.

Voeg de boter toe en laat nog 5 minuten koken zodat de boter de saus dikker kan maken.

Proef of er zout is en voeg indien gewenst hete saus of andere smaakmakers toe.

Voeg voor het serveren de gehakte koriander toe en werk af met een scheutje citroensap.

Serveer met rijst.

48PORTUGESE OVENGEBAKKEN GEVULDE GARNALEN

Camarao Recheado

Dit recept voor gebakken gevulde garnalen dat ik jaren geleden van een Portugese chef-kok heb geleerd, is door de jaren heen in mijn familie doorgegeven. Portugese broodjes vormen de basis van de vulling en geven een geweldige textuur en smaak. Het is perfect voor het vullen van vis, kip of zelfs groenten zoals champignons of courgettes.

Na het maken van dit recept gooi je nooit meer oude papo secos weg. Plaats de oude broodjes eenvoudig in diepvrieszakjes om ze later te bereiden. De vulling bevriest heel goed, dus ik raad aan om een dubbele batch te maken en de helft ervan in diepvrieszakjes in te vriezen voor de volgende keer dat je hem maakt.

Serveert 4-6

2 pond extra grote garnalen (ongeveer 10-12 per pond) (gepeld en staarten verwijderd)

3 rollen papo seco (bij voorkeur van de dag ervoor)

15 Ritz-crackers of een ander merk botercrackers

1 pakje croutons met knoflooksmaak

½ kopje selderij (fijngehakt)

½ kopje ui (fijngehakt)

3 eetlepels olijfolie

½ stokje (4 eetlepels) gesmolten boter

1 pond rauwe kleine of middelgrote garnalen (geschild en verwijderd)

¼ glas witte wijn

1 theelepel paprikapoeder

½ theelepel knoflookpoeder

½ theelepel zout

1 klein kippenbouillonblokje

2 eetlepels peterselie (fijngehakt)

Voorbereiding

Bereid de garnalen:

Pel zowel de kleine als de grote garnalen en doe ze in aparte kommen. Reserveer de schelpen.

Kook de schelpen in 3 kopjes water en een snufje zout gedurende ongeveer 8 minuten. Zeef de bouillon in een grote kom en laat afkoelen. Gooi de schelpen weg.

Fruit in een kleine koekenpan de ui en de bleekselderij in de olijfolie gedurende 5 minuten tot ze glazig zijn op middelhoog vuur.

Haal de uien en de bleekselderij eruit met een schuimspaan en laat een beetje olijfolie in de pan zitten. Laat de ui afkoelen in een kleine kom.

Voeg in dezelfde pan met de resterende olijfolie de garnalen, het bouillonblokje, de knoflook, het zout en de paprika toe.

Kook gedurende 1 minuut tot de garnalen lichtroze kleuren. Voeg de wijn toe en kook nog 3 minuten tot de wijn is ingekookt.

Haal de pan van het vuur en laat het garnalenmengsel afkoelen terwijl je de broodvulling klaarmaakt.

Bereid de vulling voor:

Snijd het brood in stukjes en doe het in de kom met de garnalenbouillon.

Pureer het brood met je vingers of een vork tot er geen klontjes meer zijn. Het brood moet de consistentie hebben van een nat deegachtig beslag. Vind je het brood te droog, voeg dan nog wat bouillon of water toe. Laat het brood de vloeistof opnemen.

Verkruimel de crackers met je handen en voeg ze toe aan het brood. Voeg de afgekoelde uien en selderij toe. De vulling zal nat zijn, maar als je hem te vloeibaar vindt, voeg dan meer brood of crackers toe.

Voeg de garnalen en peterselie toe aan de vulling en meng goed. Proef en voeg indien gewenst meer zout toe.

Zet apart terwijl je de garnalen klaarmaakt voor de vulling.

Stel de garnalen samen:

Bereid de grote garnalen door ze voorzichtig uit elkaar te halen en aan het gebogen uiteinde in een vlindersnede te snijden.

Vet een bakplaat in met boter of margarine en plaats elke garnalenvlinder in de pan. Plaats 1 eetlepel of meer vulling in het midden van elke garnaal.

Doe de croutons in een plastic zak met ritssluiting. Sluit goed en zorg ervoor dat er geen lucht in blijft zitten. Verkruimel de croutons tot zeer fijne kruimels. Dit zou ongeveer 1 ½ kopje moeten opleveren.

Strooi 1 theelepel of meer verkruimelde croutons over elke garnaal. Wees niet bang om het hele kruimelmengsel te gebruiken.

Buig de staarten voorzichtig over de vulling zodat ze een "c"-vorm krijgen. Voeg een theelepel gesmolten boter toe bovenop elke garnaal.

Bak in een oven van 375 graden F gedurende ongeveer 15 tot 20 minuten tot de garnalen roze en goudbruin zijn. Haal de garnalen onmiddellijk uit de oven, zodat ze niet uitdrogen.

Sprenkel voor het serveren meer gesmolten boter over elke garnaal.

Je kunt de garnalen in de oven op een heel laag vuur laten staan om ze warm te houden voordat je ze serveert. Wees voorzichtig, want ze kunnen uitdrogen als de hitte te hoog is.

Gooi oude papo secos nooit weg, maar plaats ze gewoon in diepvrieszakjes om deze vulling later te maken.

Maak een dubbele hoeveelheid vulling en vries deze in door deze in diepvriesveilige plastic zakken of kommen te plaatsen.

49GARNALEN MET RIJST MET ZOETE ERWTEN

Arroz de Camarao

Dit recept is goed genoeg om bij een speciale gelegenheid aan uw gasten te serveren, maar u kunt het ook maken als u een snel en eenvoudig recept wilt op uw vleesloze dagen. De zoete paprika en witte wijn geven de garnalen een hartige smaak en vormen een perfecte combinatie met de luchtige rijst. Serveert 6-8

1 kleine ui (fijngehakt)

3 eetlepels olijfolie

2 kopjes langkorrelige rijst

3 kopjes kokend water

1 kopje kippenbouillon

1 theelepel zout

1 kopje bevroren zoete erwten

1 tot 2 pond rauwe gepelde en gepelde garnalen

1 theelepel paprikapoeder

1 theelepel witte wijn

In een middelgrote, zware koekenpan fruit je de ½ ui in 2 eetlepels olijfolie tot ze doorschijnend is op middelhoog vuur.

Voeg de rijst toe en bak ongeveer 1 minuut zodat deze bedekt is met de olijfolie. Voeg langzaam het kokende water, de bouillon, het zout en de kippenbouillon toe en roer.

Wanneer de rijst kookt, dek af en zet het vuur laag.

Kook gedurende 15-20 minuten, roer slechts één of twee keer. Dek af en haal van het vuur.

Bereiding van garnalen en erwten:

In een kleine koekenpan op hoog vuur bak je de resterende ui in 1 eetlepel olijfolie tot ze doorschijnend is.

Voeg de garnalen toe en kook ongeveer 1 minuut of tot de garnalen roze kleuren. Voeg de paprika en de wijn toe en kook nog 1 minuut. Voeg de erwten toe, meng en kook gedurende 1 minuut.

Roer de garnalen en erwten door de rijst en serveer.

50 ZEEVRUCHTEN RIJST

Arroz de Marisco

De combinatie van zeevruchten en rijst, gekookt met smaakvolle kruiden en vervolgens gebakken, ontwikkelt een knapperige toplaag met een nootachtige textuur. Dit klassieke gerecht wordt vaak geserveerd op bruiloften en speciale feesten.

Serveert 4-8

1 hele verse kreeft (in stukjes gesneden)

1 pond rauwe middelgrote garnalen (geschild en verwijderd)

½ pond Sint-jakobsschelpen

1 pond mosselen (gewassen)

1 pond mosselen (gewassen en schoongemaakt)

1 kleine ui (fijngehakt)

1 teentje knoflook (fijngehakt)

1 kopje rijpe tomaten (geplet)

½ kleine rode paprika (gehakt)

1 kopje rauwe erwten

Snufje saffraan

1 theelepel paprikapoeder

1 theelepel zout

4 kopjes kippenbouillon

2 kopjes ongekookte langkorrelige rijst

½ kopje Vinho Verde of witte wijn

Koriander om te garneren (optioneel)

Voorbereiding

Verwarm de oven voor op 350 graden F. Fruit de ui, rode paprika en knoflook in olijfolie, in een grote, diepe ovenvaste koekenpan of braadpan.

Voeg de stukjes kreeft toe en bak ze een paar minuten bruin.

Voeg de wijn, tomaten, paprikapoeder en zout toe en kook ongeveer 5 minuten tot alles is ingekookt. Voeg de bouillon toe en breng aan de kook.

Voeg de rijst en de saffraan toe en roer al roerend ongeveer 5 minuten op hoog vuur. Proef en voeg indien nodig meer kruiden toe.

Haal de pan van het vuur.

Voeg de erwten toe. Verdeel de garnalen, sint-jakobsschelpen, mosselen en mosselen gelijkmatig over de rijst.

Bak onafgedekt ongeveer 30 minuten tot de rijst en de zeevruchten volledig gaar zijn en de mosselen open zijn.

51 CLAMS MET CHOURIÇO

Ameijoas com Chouriço

Deze combinatie van zee en land met pittige chouriço en sappige mosselen zorgt voor een pittige saus. Serveer met croutons om in de bouillon te dopen. Serveert 2

2 pond mosselen of mosselen (gewassen en geschrobd)

1 chouriço-worst (in plakjes van ¼ inch gesneden)

½ kleine ui (fijngehakt)

2 teentjes knoflook (gehakt)

1 kleine, zeer rijpe tomaat (geplet)

2 eetlepels olijfolie

½ glas witte wijn

½ theelepel piri piri of hete saus (optioneel)

2 eetlepels koriander (fijngehakt)

Knijp citroensap

Voorbereiding

Fruit de uien, knoflook en olijfolie in een middelgrote koekenpan tot ze glazig zijn. Voeg de chouriço toe en bak ongeveer 2 minuten.

Voeg de tomaten, wijn, hete saus en mosselen toe. Meng, dek af en kook ongeveer 5-8 minuten op middelhoog vuur tot de mosselen open zijn.

Werk af met een scheutje vers citroensap.

Voeg voor het serveren koriander toe als garnering.

52COD À GOMES DE SA

Bacalhau in Gomes de Sa

Dit gerecht komt oorspronkelijk uit de stad Porto, Portugal en is vernoemd naar de schepper Gomes de Sa. Deze klassieker is een van de meest populaire recepten op basis van bacalhau en is aanwezig in de meeste Portugese restaurantmenu's.

Dit is een van de meest gevraagde gerechten van mijn vrienden en familie. Deze klassieker wordt vaak geserveerd tijdens het Consoada-diner op kerstavond en bij vele feesten.

Serveert 6-10

2 pond kabeljauw zonder been

4 pond kleine aardappelen (geschild en in plakjes van 1 inch gesneden)

2 grote uien

3 handschoenen gehakte knoflook

1 laurierblad

1 theelepel zout

1 theelepel peper

1 kopje olijfolie

6 hardgekookte eieren

1 kopje olijven

2 theelepels gehakte peterselie

2 teentjes gehakte knoflook of 1 theelepel knoflookpoeder

½ theelepel zout voor de uien

Voorbereiding

Kabeljauw rehydrateren:

Als je een hele kabeljauw hebt, snijd deze dan in porties van 10 bij 15 centimeter. Spoel af met koud water en plaats het in de koelkast, afgedekt, met koud water gedurende 2 dagen, waarbij u het water twee keer per dag ververst totdat het sterke zoutgehalte verdwenen is.

Als de kabeljauw erg dik is, moet je hem mogelijk langer laten weken.

Om het zoutgehalte te controleren, snijdt u een klein stukje kabeljauw en proeft u. Het moet naar kabeljauw smaken, maar toch een beetje zout van smaak hebben.

Laat de kabeljauw niet langer dan 3 dagen in het water liggen, want dan wordt hij melig en smaakloos.

In porties in plastic zakken invriezen.

Kabeljauw en aardappelen bereiden:

Doe de aardappelen onder koud water in een grote pan. Voeg zout toe, breng aan de kook en kook gedurende 10 minuten.

Leg de kabeljauw op de hete aardappelen en kook ongeveer 8 minuten of tot hij kruimelig is.

Haal de kabeljauw uit de pan en laat afkoelen.

Eenmaal afgekoeld verwijder je de botten en snijd je de kabeljauw in reepjes.

Giet de aardappelen af en zet ze opzij om af te koelen. Snijd de aardappelen in plakjes van een halve centimeter en zet opzij.

Bereid de uien:

Fruit in een grote koekenpan de gesneden uien, knoflook, ½ theelepel zout en laurier met ½ kopje olijfolie tot ze goudbruin zijn.

Verwijder het laurierblad en laat de uien een paar minuten afkoelen.

Verzamelen:

Vet een grote, diepe ovenvaste pan in met olijfolie. Leg eerst de aardappelen in laagjes, dan de kabeljauwvlokken en ten slotte de uien.

Breng elke laag op smaak met olijfolie en peper en eindig met een laagje ui erop. Voeg knoflookpoeder toe aan elke laag als je van knoflook houdt.

Dek af met folie en bak ongeveer 20 minuten op 350 graden F.

Kook onafgedekt nog 5-10 minuten tot de gewenste knapperigheid.

Haal de pan uit de oven.

Snijd de eieren in plakjes en plaats ze op de uienlaag. Voeg indien gewenst meer zout, peper of knoflook toe.

Plaats de braadpan terug in de oven op een hete temperatuur tot hij klaar is om te serveren.

Voeg voor het serveren de peterselie, extra olijfolie en olijven toe als garnering.

53 KABELJAUW MET KIKKERERWTEN

Bacalhau met Grão

Kabeljauw met kikkererwten is een authentiek eeuwenoud recept dat een van de meest populaire manieren is om bacalhau te eten en dat al eeuwenlang wordt geserveerd. In het recept worden kikkererwten vaak vervangen door erwten met zwarte ogen.

Serveert 2

1 pond kabeljauw zonder botten (gesneden in porties van 2 tot 8 ounce)

2 kopjes water

1 stukje ui

2 kopjes gekookte kikkererwten

Vinaigrette:

¼ kopje olijfolie

½ glas witte wijnazijn

1 teentje knoflook (fijngehakt)

¼ theelepel zout

¼ theelepel zwarte peper

Kant:

2 eetlepels peterselie (gehakt)

1 eetlepel ui (fijngehakt)

Voorbereiding

Bereid de vinaigrette in een middelgrote kom door de ingrediënten te mengen en zet opzij.

Bak ondertussen de kabeljauw bruin in een middelgrote koekenpan gevuld met ongeveer 2 kopjes water en het schijfje ui. Kook op laag vuur gedurende ongeveer 8-10 minuten op middelhoog vuur.

Haal de kabeljauw uit de pan, laat uitlekken en houd afgedekt warm.

Verwarm de kikkererwten op laag vuur. Giet ze af en schik ze samen met de kabeljauw op een serveerschaal.

Giet de vinaigrette erover en serveer.

Voeg indien gewenst meer olijfolie en kruiden toe.

Garnering toevoegen.

54 GEADEMDE KABELJAUW

Bacalhau in Brazilië

Dit recept is vernoemd naar de maker en ontstond honderden jaren geleden in Estremadura (wat einde betekent), in de kuststreek van Midden-Portugal. Deze kust staat bekend om zijn overvloedige viswater en de constante wind die recordbrekende oceaangolven creëert.

Serveert 2

½ pond kabeljauw zonder botten (fijn versnipperd)

2 aardappelen (geschild en in luciferstokjes gesneden)

3 eieren

¼ kopje dun gesneden ui

1 teentje knoflook

1 laurierblad

1 eetlepel peterselie (gehakt)

Olijven ter garnering

Zout en peper naar smaak

2 eetlepels olijfolie

Olie voor het bakken van aardappelen

Bak de aardappelen in zeer hete olie en zet ze opzij.

Fruit de ui, knoflook en laurier tot ze glazig zijn in de olijfolie.

Meng de kabeljauw met de uien en kook ongeveer 1 minuut. Verwijder het laurierblad. Voeg de eieren toe en kook op zeer laag vuur tot ze licht gaar zijn.

Voeg voorzichtig de aardappelsticks en peterselie toe aan de eieren.

Voeg zout en peper naar smaak toe. Versier met olijven en peterselie.

55 GEBAKKEN KABELJAUW MET AARDAPPELEN EN UIEN

Bacalhau Assado

Kabeljauw, aardappelen en olijfolie zijn een perfecte match. Dit gerecht is een van de meest populaire bacalhau-recepten en wordt traditioneel geserveerd tijdens het kerstdiner. Dit is het recept van mijn zus Isabel. Serveert 4-6

4 porties (6 tot 8 ons) kabeljauw met botten

12 tot 20 kleine ronde aardappelen

2 grote uien (in plakjes gesneden)

1 grote paprika

½ tot 1 kopje olijfolie

1 laurierblad

4 teentjes knoflook (gehakt)

zwarte peper

2 theelepels gehakte peterselie

Zwarte olijven ter garnering

Voorbereiding

Verwarm de oven voor op 400 graden F.

Was de aardappelen, droog ze, snijd ze in vieren en kook ze ongeveer 10 minuten. Giet af en zet opzij.

Bestrijk de bodem van een grote ovenschaal met een paar eetlepels olijfolie.

Leg de kabeljauw in de pan en omring hem met de aardappelen.

Bestrijk de kabeljauw met de gesneden uien, paprika, knoflook en laurierblaadjes en besprenkel met de resterende olijfolie. Kook gedurende 35 minuten.

Prik de aardappelen in om te koken. Als ze nog niet helemaal gaar zijn, haal de kabeljauw dan uit de pan en laat de aardappelen langer koken.

Garneer bij het serveren met zwarte olijven, olijfolie uit de ovenschaal en peterselie.

56COD À ZÉ DO PIPO

Bacalhau à Zé do Pipo

Dit gerecht komt oorspronkelijk uit de stad Porto en is vernoemd naar de maker ervan, Zé do Pipo, die in de jaren zestig eigenaar was van een beroemd restaurant in die stad. Met dit recept won de chef-kok een nationale kookwedstrijd en sindsdien hebben veel restaurants het op hun menukaart opgenomen. Serveert 4-6

1 pond kabeljauw (in 4 porties gesneden)

8 grote aardappelen (geschild en in vieren)

1 theelepel zout

½ kopje olijfolie

1 grote ui, in plakjes gesneden

1 in blokjes gesneden teentje knoflook

1 laurierblad

¼ kopje bloem voor het bakken van de kabeljauw

2 eetlepels boter

1 kopje melk

1 eierdooier

½ kopje mayonaise

1 kleine geroosterde rode paprika

Zwarte olijven

Peterselie

Voorbereiding

Kook de aardappelen in kokend water gedurende ongeveer 25 minuten. Haal van het vuur, laat uitlekken en voeg de melk, boter, eigeel en peper toe. Pureer en zet opzij.

Haal de kabeljauw door de bloem en bak hem in olijfolie op middelhoog vuur goudbruin. Plaats ze op absorberend papier om overtollige olie te verwijderen.

Fruit de ui, knoflook en laurier in dezelfde olijfolie waarin u de vis hebt gekookt, tot ze licht goudbruin zijn. Verwijder het laurierblad.

Schik de kabeljauwporties in een grote ovenvaste ovenschaal of op afzonderlijke serveerschalen.

Bestrijk de kabeljauw met het uienmengsel en garneer met de aardappelpuree. Bestrijk elk stuk met een paar lepels mayonaise, gevolgd door een schijfje chili.

Bak op 350 graden F gedurende 20 minuten tot de mayonaise goudbruin is.

Versier met olijven en peterselie.

57SPAANSE KABELJAUW BOOIT

Bacalhau met Molho à Espanhola

Mijn moeder leerde dit recept van Spaanse straatverkopers die vaak bij haar bed & breakfast overnachtten. Hij leerde van hen ook Spaans spreken, wat mij verbaasde. In dit recept kun je de kabeljauw vervangen door eventuele schilferige vis, maar voeg de vis pas de laatste 5 minuten van het koken toe aan de rijst.
Serveert 4-6

1 pond kabeljauw zonder been

2 kopjes langkorrelige rijst

1 theelepel zout

2 eetlepels olijfolie

1 kleine ui in blokjes gesneden

1 kleine rode chilipeper (in dunne plakjes gesneden)

1 laurierblad

1 kleine groene paprika (in dunne plakjes gesneden)

2 kleine rijpe tomaten geplet

2 teentjes knoflook (gehakt)

2 theelepels peterselie (gehakt)

zout

Peper

Zwarte olijven

Kook de kabeljauw in 4 kopjes kokend water gedurende 8 tot 10 minuten. Giet ze af, bewaar het water, snijd de kabeljauw in reepjes en zet opzij.

Fruit de ui, knoflook, paprika en laurier in olijfolie gedurende ongeveer 3 minuten in een middelzware koekenpan tot ze glazig zijn.

Voeg de tomaten en kabeljauw toe en kook op middelhoog vuur gedurende 5-8 minuten. Zet opzij totdat de rijst gaar is.

Rijst bereiding:

Doe de 4 kopjes water in een grote pan en breng aan de kook. Voeg 1 theelepel zout en de rijst toe. Zet het vuur middelhoog, dek af en kook gedurende 15 minuten.

Voeg de kabeljauw toe aan de rijst en roer om te verwerken. Kook op laag vuur gedurende ongeveer 5 minuten tot de smaken zijn opgenomen.

Proef en voeg indien nodig extra kruiden toe.

Versier voor het serveren met peterselie en olijven.

58 PANFILETS VAN VIS

Filetes de Peixe

Portugal is een zeevarende natie met een goed ontwikkelde visserijsector. Het heeft de hoogste visconsumptie per hoofd van de bevolking in Europa en behoort tot de top vier van de wereld. Dit recept creëert een licht gehavende, gebakken vis met citroensmaak die perfect past bij Portugese rijst. Serveert 4-6

2 pond visfilets (bij voorkeur kabeljauw of schelvis, maar je kunt elke schilferige witte vis gebruiken) (gesneden in porties van ½ inch dik)

2 eieren

1 eetlepel water

Meel

Zout en peper

½ theelepel knoflookpoeder (optioneel)

1 citroen

1 ½ kopjes frituurolie (bij voorkeur maïs of groente)

1 eetlepel olijfolie

Schijfjes citroen

Kruid de vis met zout, peper en knoflook. Knijp het sap van de halve citroen over de vis en laat ongeveer 5 minuten rusten. (Laat de vis niet langer dan een paar minuten in de citroen liggen, anders lost de zuurgraad hem op.)

Klop de eieren met het water in een middelgrote kom.

Doe de bloem in een middelgrote kom. Bestrijk de vis met droge en natte handen met ei, schud het overtollige ei af en bestrooi met bloem.

Doe de olie in een zware pan tot deze een halve centimeter diep is. Middelmatige hitte. Test de olie door een puntje van de visfilet in de olie te dopen. Het zal sissen als het klaar is.

Bak 4 tot 6 stukken vis in batches, in de hete olie, ongeveer 4 minuten aan elke kant, tot ze goudbruin zijn. Als de vis te snel bruin wordt, pas dan de hitte aan.

Leg de filets op absorberend papier om eventueel vet op te nemen.

Versier voor het serveren met partjes citroen.

59INKTVIS IN STOOFSCHOTEL

Lulas Guisadas

De calamares in dit recept worden gekookt in een tomaten- en wijnbouillon, waardoor ze zacht en sappig worden. Dit recept werd mij vele jaren geleden voor het eerst geleerd door mijn lieve schoonmoeder toen ik trouwde, omdat het een van de favoriete gerechten van mijn man was.

Serveert 4-6

2 kilo schoongemaakte inktvis

1 kleine chouriço (in plakjes)

¼ kopje olijfolie

1 grote ui (in plakjes gesneden)

1 grote rode paprika

2 laurierblaadjes

4 teentjes knoflook (gehakt

1 kop zeer rijpe tomaten (geplet)

1 kopje witte wijn

Citroensap

2 eetlepels peterselie (gehakt)

Snijd de inktvis in ringen van ongeveer 1 centimeter dik en snijd de tentakels in kleine stukjes.

Fruit de ui, knoflook, paprika en laurier in olijfolie. Voeg de tomaten, wijn, zout en peper toe en kook een paar minuten.

Voeg de calamares en chouriço toe en kook op middelhoog vuur gedurende ongeveer 20-30 minuten, onder regelmatig roeren, tot de calamares gaar is. Voeg water toe als je merkt dat de saus te dik wordt.

Serveer met gekookte aardappelen.

Versier voor het serveren met een scheutje citroen en peterselie.

60GEGRILDE KNOFLOOKPIJKTVIS

Lulas Grelhadas

Deze gegrilde calamares zijn knoflookachtig, zoet en zacht. Ze zijn in een paar minuten per kant gaar, dus laat ze niet te gaar worden. Serveert 4-6

2 pond schoongemaakte rauwe calamares (in de lengte in reepjes van 2 inch gesneden)

1 theelepel zout

Peper

Olijfolie

Vinaigrette:

½ kopje olijfolie

½ glas witte wijnazijn

5 teentjes knoflook (fijngehakt)

2 eetlepels ui (fijngehakt)

zout

Peper

2 eetlepels peterselie (fijngehakt)

Kruid de calamares en tentakels met zout en peper en bestrijk ze met olijfolie.

Grill op een zeer hete houtskool- of gasgrill gedurende ongeveer 4 minuten op elke maat tot ze goudbruin zijn en zet opzij op een warm bord.

Maak ondertussen de vinaigrette in een kleine kom en meng alle ingrediënten goed door elkaar.

Giet de vinaigrette over de gekookte calamares. Garneer met peterselie.

Serveer met gekookte en geperforeerde gebakken aardappelen of rijst.

61 PORTUGESE STOOFSCHOTEL VAN ZEEVRUCHTEN

Caldeirada de Peixe

De kust van Portugal is rijk aan zeevruchten die door de vissers worden geoogst. Vis en zeevruchten zijn het hoofdingrediënt in veel van de nationale gerechten. Deze vissoep zou afkomstig zijn van deze vissers tijdens hun expedities in de Atlantische Oceaan. Bevat smaken van zeevruchten en kruiden die zijn meegebracht uit verkenningen over de hele wereld. Serveert 4-6

1 pond aardappelen (in blokjes van 2 inch gesneden)

2 eetlepels olijfolie

3 middelgrote uien (in dunne plakjes gesneden)

1 rode paprika (gehakt)

3 teentjes knoflook (gehakt)

2 laurierblaadjes

3 zeer rijpe tomaten (geplet)

1 kopje Vinho Verde of witte wijn

1 kopje vis- of kippenbouillon

2 of 3 kopjes water

½ pond garnalen (gepeld en verwijderd)

½ pond mosselen (gewassen)

½ pond verse visgraten (in stukjes van 2 inch gesneden)

½ pond witte vis zonder botten (in grote stukken van 2 inch gesneden)

½ pond calamares (schoongemaakt en in ringen van 1 inch gesneden)

2 theelepels zout

½ theelepel paprikapoeder

Koriander om te garneren

Voorbereiding

In een grote, zware pan fruit je de ui, knoflook, laurier en paprika in de olijfolie tot ze glazig zijn, ongeveer 5 minuten.

Voeg de tomaten, paprika en wijn toe en kook ongeveer 5 minuten tot de wijn is ingekookt. Voeg de aardappelen, de bouillon en het water toe en kook ongeveer 15 minuten op hoog vuur.

Voeg de zeevruchten toe, in laagjes, eerst de vis met bot, dan de inktvis, de mosselen en als laatste de in stukjes gesneden witte vis.

Dek af en kook op middelhoog vuur gedurende ongeveer 10-15 minuten op middelhoog vuur tot de mosselen opengaan.

Proef en voeg indien gewenst meer kruiden toe. Strooi er voor het serveren de gehakte koriander over.

62 OCTOPUSRIJST

Arroz de Polvo

Mijn moeder was een zuinige kok en heel creatief in de keuken als
het om restjes ging. Dit is haar recept en een van mijn favoriete
rijstgerechten met de overgebleven octopus van het
kerstavonddiner van onze familie. Serveert 6-8

1 pond gekookte octopus (in stukjes gesneden)

1 kleine ui (gehakt)

1 teentje knoflook (fijngehakt)

2 eetlepels olijfolie

1 kleine, zeer rijpe tomaat (geplet)

2 kopjes ongekookte langkorrelige rijst

4 kopjes hete kippenbouillon

½ theelepel zout

Peterselie voor garnering

Voorbereiding

In een zware koekenpan bak je de ui en knoflook in olijfolie op
middelhoog vuur tot ze glazig zijn.

Voeg de octopus en de tomaat toe en kook een paar minuten om de smaken op te nemen.

Voeg de rijst en de hete bouillon toe en breng het op hoog vuur aan de kook. Zet het vuur middelhoog, roer, dek af en kook ongeveer 15 minuten.

Als je merkt dat de rijst uitgedroogd is en langer moet koken, voeg dan meer bouillon of een beetje kokend water toe.

Voeg indien nodig meer kruiden toe, garneer met peterselie en serveer.

63GEBAKKEN OCTOPUS MET AARDAPPELEN

Polvo Assado met Batata's

Octopus wordt geoogst langs de kustwateren van Portugal en wordt als een delicatesse beschouwd. Sommige koks slaan met een hamer op de tentakels, anderen stellen voor om een kurk wijn aan het kookvocht toe te voegen om het mals te maken. Ik kook het met een ui gedurende 1 1/2 uur, maar bij sommige kan het langer duren. Dit recept wordt vaak geserveerd op kerstavond, maar kan ook het hele jaar door worden genuttigd. Serveert 4-6

2 kilo octopus

1 grote ui

1 grote ui (gehakt)

2 kilo kleine ronde aardappelen (gewassen en gedroogd)

1 grote rode paprika (gehakt)

3 teentjes knoflook (gehakt)

½ kopje olijfolie

¼ kopje olijfolie

1 eetlepel witte azijn

1 theelepel zout

1 theelepel peper

1 laurierblad

Peterselie voor garnering

Voorbereiding

Kook de hele octopus door hem met het zout en de ui in voldoende water te koken, zodat hij nog eens 5 cm onder water staat. Kook gedurende 1 uur of langer tot de octopus gaar is.

Leg de aardappelen in een diepe ovenschaal en breng op smaak met zout en peper. Bedek met ½ gehakte rauwe ui en ½ kopje olijfolie en kook op 400 F gedurende ongeveer 30 minuten, terwijl u de pan af en toe schudt.

Fruit de resterende ui, chilipeper, knoflook en laurier in ¼ kopje olijfolie gedurende ongeveer 5 minuten. Voeg de azijn toe en kook een minuut. Opzij zetten.

Als de octopus gaar is, giet je hem af en doe je hem in de pan met de aardappelen.

Giet het uienmengsel over de aardappelen en octopus.

Kook op 350 graden F totdat de aardappelen volledig gaar zijn.

Versier voor het serveren met gehakte peterselie.

64GEADEMD KONIJN MET RIJST

Arroz de Coelho

Konijn heeft meer eiwitten dan rundvlees en minder cholesterol en calorieën dan welk ander vlees dan ook. In veel slagerijen en speciaalmarkten kun je vers konijn vinden. Serveert 4-8

1 (2-3) pond vers konijn (in kleine stukjes gesneden)

2 kopjes langkorrelige rijst

2 theelepels zout

Peper

¼ kopje olijfolie

1 kleine ui (gehakt)

1 kleine tomaat (geplet)

1 teentje knoflook (fijngehakt)

1 laurierblad

1 takje verse rozemarijn

½ glas rode wijn

4 kopjes kokend water

Peterselie voor garnering

Marineer het konijn met zout, peper, rozemarijn en witte wijn en laat het minimaal 1 uur in de koelkast of een hele nacht staan.

In een grote, zware koekenpan bak je de ui, knoflook en laurier in olijfolie tot ze doorschijnend zijn.

Giet het konijn af, verwijder de rozemarijn, zet de marinade opzij en doe het vlees in de pan met de ui. Kook op middelhoog vuur en bak het konijn aan elke kant bruin.

Voeg de gereserveerde marinade, 1 kopje water en tomaat toe. Kook gedurende 45 minuten op middelhoog vuur, onder regelmatig roeren.

Voeg de rijst toe en roer om de smaken op te nemen. Voeg het kokende water toe aan de pan, roer en dek af.

Kook op middelhoog vuur gedurende 20 minuten, onder regelmatig roeren, tot het gaar is. Als de rijst langer moet koken, moet je mogelijk meer kokend water toevoegen.

Ontdek, meng en voeg indien nodig kruiden toe.

Garneer met peterselie en serveer

65 KONIJNSTEW IN JAGER-STIJL

Coelho in Caçador

Dit gestoofde konijn is een klassiek recept dat mijn moeder altijd bereidde bij speciale gelegenheden. Het is eenvoudig te bereiden omdat het in één pan kookt.

Serveert 4-6

2 tot 3 pond konijnenvleesbot (in stukjes gesneden)

1 grote ui (gehakt)

2 grote, zeer rijpe tomaten

2 teentjes knoflook (gehakt)

1 kopje rode wijn

1 of 2 kopjes water

2 laurierblaadjes

1 theelepel zout

1 theelepel peper

1 eetlepel olijfolie

Voorbereiding

Marineer het konijn met alle ingrediënten behalve de tomaten in een grote kom. Zet een nacht in de koelkast.

Haal het konijn 30 minuten voor het koken uit de koelkast.

Verhit de olie in een zeer grote pan met antiaanbaklaag. Laat het konijn uitlekken en bewaar de marinade.

Bak het konijn in een pan op middelhoog vuur aan beide kanten goudbruin.

Voeg de uien, de overgebleven marinade en de tomaten toe en kook gedurende 20 minuten op middelhoog vuur.

Voeg indien nodig een beetje water toe om de saus te verdunnen.

Voeg 1 of 2 kopjes water toe en ga door met koken. Voeg meer water toe als de saus uitdroogt.

Verwarm de oven tot 350 graden F.

Zet de pan in de oven en kook het konijn ongeveer 1 uur tot het vlees van het bot valt.

Serveer met rijst of gekookte aardappelen.

66GEBRADEN KIP MET PAPRIKA

Frango Assado

Bij het zondagse diner in een Portugees huis hoort meestal een gebraden kip, en elke thuiskok heeft zijn eigen techniek. Dit recept is eenvoudig te maken en keer op keer perfect. Je kunt creatief worden en je eigen kruiden toevoegen om er je eigen smaak van te maken. Serveer met mijn recept voor geroosterde aardappelen of rijst. Serveert 4-6

1 grote gebraden kip

2 theelepels zout

1 theelepel peper

2 theelepels knoflookpoeder

2 theelepels paprikapoeder

1 kleine ui (in vieren)

1 kleine stengel bleekselderij (gehakt)

½ citroen

2 eetlepels olijfolie

1 eetlepel boter of margarine

1 takje verse peterselie

½ glas witte wijn

Meng de kruiden in een kleine kom.

Was de kip en droog hem. Wrijf de kip in met olijfolie en margarine en bestrijk hem vervolgens met de kruiden.

Doe de ui, selderij en peterselie in de holte. Giet de wijn in de holte. Knijp het citroensap over de kip en pel de kip in de buikholte.

Laat de kip minimaal 2 uur marineren in de koelkast, een nacht.

Wanneer u klaar bent om te koken, plaatst u de gemarineerde kip op kamertemperatuur in een grote braadpan.

Kook op 400 graden F gedurende 1 1/2 uur voor een kleine kip van 3 tot 4 pond.

Opmerking:

Ook al gaat de kiptimer af, laat de kip langer koken tot hij knapperig en goudbruin is.

67ROZEMARIJN KIP MET CITROEN EN PAPRIKA

Frango Assado met Alecrim

Minstens één keer per week maak ik gebraden kip en het stelt nooit teleur. Ik heb paprika verwerkt in deze kipschotel met rozemarijn, die zoetheid toevoegt en goed past bij de pittige citroen.

Kook de zoete aardappelen samen met de kip in dezelfde pan. Serveert 4-6

1 gebraden kip (3-4 pond)

1 citroen

2 theelepels olijfolie

1 theelepel zout

1 theelepel knoflookpoeder

1 kleine ui (gehakt)

2 eetlepels margarine

1 theelepel paprikapoeder

1 theelepel verse of gedroogde rozemarijn

3 of 4 zoete aardappelen (in tweeën gesneden optioneel)

Was de kip en droog hem. Snijd de citroen doormidden en pers het sap van de ene helft over de kip. Plaats de schil en de helft van de gesnipperde ui in de holte.

Meng het zout, knoflookpoeder, paprikapoeder en rozemarijn in een kleine kom en meng goed. Wrijf het kruidenmengsel over de kip.

Leg de margarine onder de borst en bovenop de kip. Bedek met de overgebleven ui en besprenkel met olijfolie.

Leg de kip in een grote braadpan, omringd door de aardappelen.

Bak op 400 graden F gedurende 1 1/2 tot 2 uur tot de kippenhuid goudbruin en knapperig is. Terwijl de kip kookt, giet je elk half uur het vet over de aardappelen.

Als de kip gaar is, snijd je deze in de dij. Als de sappen helder zijn, is de kip gaar. De temperatuur op een vleesthermometer moet tussen de 180 en 190 graden liggen.

Opmerking:

Laat ongeveer 8 minuten rusten alvorens aan te snijden. Het kan zijn dat u merkt dat de timer is afgegaan, maar laat de kip langer koken om goudbruin en knapperig te worden.

68GEGRILDE KIP

Frango geen Churrasco

Frango Churrasco staat bekend om zijn zomerbarbecues, familiepicknicks en festivals. Er zijn veel restaurants met de naam Churrasqueiras in heel Portugal en in Portugese immigrantengemeenschappen die alleen gegrilde kippen op hun menu verkopen.

Er zijn veel verschillende recepten voor dit gerecht, van het basisgebruik van zout en peper tot de toevoeging van oregano en rozemarijn. Mijn recept combineert de klassieke Portugese kruiden zout, peper, knoflook, paprika en piri piri-saus met witte wijn.

Serveert 4-6

2 kleine bakkippen (elk 3 tot 4 pond)

4 geperste teentjes knoflook

2 theelepels zout

1 eetlepel paprikapoeder

½ glas witte wijn

Sap van een halve citroen

2 eetlepels piri piri of een hete saus

2 eetlepels olijfolie

Marinade voor het bestrijken van de kip:

2 eetlepels boter of margarine

½ glas witte wijn

Geavanceerde marinade

Voorbereiding

Vlinder de kip door de ruggengraat door te snijden en deze op borsthoogte te verdelen.

Meng zout, peper, knoflook, paprika, wijn, citroen en piri piri-saus in een kleine kom.

Bestrijk de kip met de marinade. Doe het in een ondiepe pan of plastic zak en zet het minimaal 2 uur of beter een nacht in de koelkast.

Haal de kip minimaal 30 minuten uit de koelkast voordat u hem op de grill grilt.

Als u klaar bent om te koken, haalt u de kippen uit de pan en bewaart u de marinade.

Leg de kip met de huid naar boven op de hete grill. Sluit de grill en laat de kip 10 minuten koken.

Controleer de kip elke 5 minuten en houd hem uit de buurt van de vlammen.

Meng in een kleine pan de overgebleven marinade met de boter en een halve kop wijn en breng aan de kook op het kookplaatrek. Zet het vervolgens op het rek om het warm te houden voor het bedruipen van de kip.

Kook de kip ongeveer 45 minuten tot 1 uur. Bedruip om de paar minuten met de overgebleven marinade tot het gaar is.

Opmerking:

Indien nodig kunt u de kip ook nog 10 minuten in de oven op
180°C laten garen.

69OVEN PIRI PIRI KIP

Frango Piri Piri

Piri Piri kip is sappig en smaakvol met een pittige toets. Als u tijdens de koude maanden niet buiten op de grill kunt koken, gaart u deze kip 10 minuten onder de ovengrill en gaart u hem daarna af in de oven.

Serveert 4-8

2 kleine bakkippen (elk ongeveer 3 kilo)

2 theelepels zout

1 theelepel peper

1 theelepel knoflookpoeder

1 theelepel paprikapoeder

2 eetlepels piri piri of een hete saus

¼ kopje Vinho Verde of witte wijn

Voorbereiding

Marineer de kippen met alle ingrediënten en laat ze een nacht in de koelkast of minimaal 2 uur vóór het koken staan.

Leg de kippen met de velkant naar boven op een grote grill of bakplaat. Bak in de oven tot de schil goudbruin is, ongeveer 10 minuten.

Opmerking: Laat de ovendeur een beetje open staan, zodat u de kip in de gaten kunt houden en niet verbrandt of rookt.

Schakel de grill uit en zet de oven op 400 graden F.

Plaats de kip op het middelste rek van de oven en bak gedurende 1 uur of tot de kip volledig gaar en knapperig is.

Serveer indien gewenst met extra hete saus om te dippen.

70PORTUGESE KIP MET RIJST

Arroz de Frango

Mijn vader had zo'n hekel aan aardappelen, dat mijn moeder vele dagen per week rijst kookte voor onze familiediners, inclusief dit kip- en rijstgerecht. We hadden het zo vaak dat mijn vader vaak zei; "We eten zoveel kip dat we snel vleugels krijgen!" Serveert 4-6

1 kleine frituurkip van 3-4 pond (in ongeveer 10 stukken gesneden)

2 kopjes langkorrelige rijst

1 kleine ui (gehakt)

1 klein teentje knoflook (fijngehakt)

1 laurierblad

2 grote wortels (gehakt)

1 kleine, zeer rijpe tomaat

¼ kopje olijfolie

1 theelepel paprikapoeder

1 eetlepel zout

1 snufje zwarte peper

½ glas witte wijn

1 kippenbouillonblokje

5 kopjes kokend water

Voorbereiding

Was en droog de kip en verwijder indien gewenst overtollig vel van de kip. Marineer met zout, peper, paprikapoeder en wijn en laat minimaal 2 uur of een nacht rusten in de koelkast.

Wanneer u klaar bent om te koken, fruit de ui en knoflook in olijfolie in een zware pan of diepe koekenpan tot ze doorschijnend zijn.

Voeg de kip, wortels, tomaat en laurier toe. Kook op middelhoog vuur tot de kip bruin is, af en toe draaiend.

Voeg wijn, 2 kopjes water, bouillon en eventuele resterende marinade toe. Meng, dek af en kook gedurende minimaal 40 minuten.

Voeg na 40 minuten de 3 kopjes kokend water toe, breng het aan de kook en voeg de rijst toe. Roer, wacht tot de rijst kookt, meng, dek af en kook op middelhoog vuur gedurende ongeveer 15 minuten.

Haal van het vuur en laat afgedekt staan tot het klaar is om te serveren.

71PORTUGESE GEBRADEN TURKIJE

Peru Assado

Portugese kruiden versterken de kalkoen in dit recept door hem een hartige paprikasmaak te geven. Er zijn veel variaties voor het maken van Thanksgiving-kalkoen, maar ik leerde dit recept toen ik heel jong was toen ik zag hoe mijn moeder kalkoen bereidde op de dag voor Thanksgiving, het eerste jaar dat we naar Amerika kwamen. Serveert 10-12

1 (15) pond kalkoen

2 eetlepels zout

1 citroen

1 grote ui

1 grote stengel bleekselderij

3 grote takjes peterselie

1 grote wortel

¼ kopje olijfolie

1 theelepel knoflookpoeder

1 eetlepel paprikapoeder

1 theelepel peper

2 eetlepels boter

½ kopje Vinho Verde of een witte wijn

3 stengels bleekselderij

1 grote ui

Verwijder de verpakking en gooi de nek en ingewanden uit beide holtes van de kalkoen weg.

Was de kalkoen, de nek en de ingewanden in zeer koud water. Bewaar de nek en het slachtafval voor later gebruik in de benodigdheden. Wrijf de binnen- en buitenkant van de kalkoen gelijkmatig in met het zout.

Snijd de citroenen doormidden en wrijf de binnen- en buitenkant van de kalkoen in, terwijl je het sap uitknijpt terwijl je wrijft. Schik de korstjes in de holte.

Verdeel de boter onder de borsthuid en over de kalkoen en bestrijk deze met de paprika-, peper- en knoflookpoeder. Laat een kleine hoeveelheid achter om de buikholte te marineren.

Schik de bleekselderij, ui en wortel in de ovenruimte. Kalkoen inwrijven met olijfolie.

Zet in de koelkast en laat een nacht marineren.

Verwarm de oven voor op 350 graden F.

Haal de kalkoen minimaal 30 minuten voor bereiding uit de koelkast.

Leg een paar stengels bleekselderij en een paar plakjes ui op de bodem van een grote braadpan met deksel en leg de kalkoen erop.

Opmerking:

Een gemiddelde kalkoen van ongeveer 15 pond heeft ongeveer 3 uur nodig om op 350 graden te koken.

Hoewel de timer verschijnt, betekent dit mogelijk niet dat hij volledig gaar is; test de kalkoen met een thermometer. Het zou 165 graden F moeten bereiken.

Marineer de kalkoen elk uur met het kookvocht.

Als je wilt dat de schil van de kalkoen een donkergouden kleur heeft, verwijder dan de folie tijdens de laatste 30 minuten koken.

Laat de kalkoen minimaal 20 minuten rusten voordat u hem aansnijdt.

Gooi kooksappen niet weg. Bewaar ze om zelfgemaakte pannensaus te bereiden.

Verwarm de kalkoen met een beetje hete kippen- of kalkoenbouillon.

Let op: Een eenvoudige test om te zien of de kalkoen gaar is:

Beweeg de dij weg van het lichaam; Als het dijbeen niet gemakkelijk breekt, kook de kalkoen dan langer.

Pansaus:

Maak een panjus door simpelweg de sappen in een pan te zeven. Laat de sappen een paar minuten staan en schep overtollig vet van de bovenkant af.

Voeg een paar eetlepels bloem toe en kook minimaal 5 minuten op laag vuur, onder voortdurend roeren tot de saus dik is.

Voeg een beetje room of melk toe om de saus lichter te maken.

72GESTOKEN VARKENSVLEES EN CLAMS ALENTEJANA STIJL

Varkensvlees in Alentejana

Dit traditionele recept is te vinden op Portugese restaurantmenu's over de hele wereld. De naam "Alentejana" betekent dat het gerecht afkomstig is uit de regio Alentejo in Portugal. De oorsprong van de naam, "Além-Tejo", vertaalt zich letterlijk naar "Voorbij de Taag" of "Voorbij de Taag".

De regio wordt gescheiden van de rest van Portugal door de rivier de Taag en strekt zich uit naar het zuiden waar het grenst aan de regio Algarve. De naam Carne de Porco Alentejana diende om te onderscheiden dat het varkensvlees dat in het gerecht wordt gebruikt, afkomstig is uit de regio van het land waar het Iberische zwarte varkensvlees wordt geproduceerd. Het vlees van het Iberische varken heeft een hoger vetgehalte waardoor het vlees malser en smaakvoller wordt.

Mijn man zegt altijd; "Net als Jell-O is er altijd ruimte voor Carne Alentejana!"

Serveert 6-8

2 pond varkenslende zonder botten (in 2 blokjes gesneden)

1 kleine ui fijngehakt

½ theelepel komijnpoeder

2 teentjes knoflook fijngehakt

1 theelepel rode chilipasta (optioneel)

1 ½ theelepel zout

¼ kopje olijfolie

1 laurierblad

1 kopje witte wijn of Vinho Verde

1 eetlepel gerookte paprikapoeder

1 kippenbouillonblokje

2 theelepels piri piri of hete saus

4 kopjes rauwe aardappelen gesneden in blokjes van 2 inch

2 pond verse kleine mosselen

Olie voor het bakken van aardappelen

Optionele afdichting:

½ kopje giardiniera-groenten

Gehakte verse koriander

Olijven

Voorbereiding

Kruid het varkensvlees in een grote kom met; zout, knoflook, laurier, paprika, komijn, chilipeper en ½ kopje wijn. Meng goed en laat minimaal 2 uur marineren of laat een nacht in de koelkast staan.

Voordat u begint met het koken van het varkensvlees, bakt u de aardappelen in kokende olie tot ze goudbruin zijn en breng op smaak met zout. Opzij zetten.

Doe de mosselen in een kom met koud water en 1 theelepel zout. Laat het varkensvlees ongeveer ½ tot 1 uur rusten in de koelkast.

Haal het varkensvlees 30 minuten voor bereiding uit de koelkast.

Verwarm een grote koekenpan of wok op hoog vuur met ¼ kopje olijfolie. Voeg de uien toe en kook ongeveer 1 minuut. Giet het varkensvlees af, bewaar de marinade en voeg het toe aan de uien. Bak het vlees aan alle kanten gedurende ongeveer 5 minuten.

Spoel en droog de mosselen. Voeg het varkensvlees samen met de wijn en de overgebleven marinade toe. Dek af en kook op middelhoog vuur tot de mosselen ongeveer 10 minuten opengaan. Voeg indien gewenst meer wijn en hete saus toe. Zodra het varkensvlees gaar is, voeg je de gebakken aardappelen toe en roer je zachtjes op laag vuur om de smaken te absorberen.

Voeg decoratie toe naar smaak en serveer.

Opmerking:

Kook het varkensvlees niet te gaar, anders wordt het droog.

73GEVULDE VARKENSLENDEN, zogenaamd

Varkenslende Recheado com Presunto

De vermoedelijke kaasvulling voegt een zoute, rokerige smaak toe aan de varkenslende en de gekarameliseerde uien en portwijnreductie brengen zoetheid om de zoutheid van de vermoedens in evenwicht te brengen.

Dit is een gerecht voor speciale gelegenheden waar uw gasten zeer blij mee zullen zijn. Ik serveer dit varkensvlees met geroosterde aardappelen, maar het past ook goed bij rijst.

Serveert 6-8

1 varkenslende zonder botten (3 of 4 pond).

6 plakjes vermoedelijke of ham (in blokjes)

1 kopje spinazie (fijngehakt), optioneel

3 eetlepels verse peterselie (gehakt)

2 teentjes knoflook (gehakt)

3 plakjes van je favoriete kaas

4 eetlepels olijfolie

½ kopje broodkruimels

½ theelepel zout

1 theelepel knoflookpoeder

1 theelepel paprikapoeder

Ingrediënten gekarameliseerde uien:

1 grote ui gesneden

½ glas rode wijn

½ kopje Vinho do Porto (portwijn)

2 eetlepels boter

Voorbereiding

Doe het zuurdesem, de spinazie, het paneermeel, 2 eetlepels olie, de peterselie en de knoflook in een kleine kom en meng goed.

Laat het varkenshaasje voorzichtig in de boter glijden en leg het op een snijplank.

Verdeel het spinazievullingmengsel gelijkmatig over het varkensvlees en rol het varkensvlees voorzichtig in een blokvorm. Bind het vast met traliewerk of gebruik lange spiesen om het varkensvlees bij elkaar te houden.

Kruid het varkensvlees met zout, knoflookpoeder en paprikapoeder.

Leg het opgerolde varkensvlees in een koekenpan en bruin het gelijkmatig in de resterende 2 eetlepels olijfolie. Haal uit de pan en plaats op een bakplaat.

Gekarameliseerde uien:

Kook in dezelfde pan de uien gedurende 1 minuut bruin. Voeg de rode wijn, port en boter toe. Ga door met koken op middelhoog vuur tot de wijn tot de helft is ingekookt en ingedikt.

Kook het varkensvlees:

De uienwijnreductie over de varkenslende is slecht. Kook het varkensvlees op 350 graden F gedurende 45 minuten tot 1 uur tot het varkensvlees een temperatuur van 165 graden bereikt.

Laat 5 minuten rusten alvorens te snijden.

74GEGRILDE VARKENSSTRIPS MET UIEN EN PEPER

Bifanas com Cebolada

Bifanas zijn in Portugal net zo populair als hamburgers in Amerika. Ze worden gegrild geserveerd tijdens picknicks, sportevenementen en festivals. Ze zijn gemakkelijk thuis te bereiden, simpelweg door ze in een pan met antiaanbaklaag te koken. Afhankelijk van uw voorkeur kunnen ze met of zonder ui geserveerd worden.

Serveer ze als enkel gerecht met een bijgerecht van rijst of aardappelen, of als de klassieke 'bifana sandwich': reepjes varkensvlees op een Portugees broodje.

Serveert 4-6

2 pond varkenshaas zonder botten

1 theelepel zout

1 theelepel knoflookpoeder of 3 geperste teentjes knoflook

1 theelepel paprikapoeder

½ theelepel peper

½ glas witte wijn

1 of 2 eetlepels piri piri saus (aanpassen aan jouw smaak)

Voorbereiding

Snijd de varkenshaas in plakjes van een halve centimeter. Leg de plakjes tussen de plasticfolie en stamp ze fijn met een vleesvermalser tot het varkensvlees een dikte van ¼ inch heeft. Dit proces maakt het varkensvlees zeer mals.

Breng het varkensvlees op smaak met de andere ingrediënten en laat het minstens een half uur marineren voordat u het gaat bereiden, bij voorkeur een nacht in de koelkast.

Kook op een hete buitengrill of pan gedurende ongeveer 3-4 minuten per kant of tot ze gaar zijn.

Compleet met het gekarameliseerde uienrecept.

Recept voor gekarameliseerde uien en paprika:

Dit uienrecept is zeer veelzijdig en kan worden geserveerd met varkensvlees, biefstuk of vis.

2 middelgrote uien

2 grote paprika's

3 eetlepels olijfolie

½ theelepel knoflookpoeder

½ theelepel zout

½ theelepel peper

2 eetlepels witte wijn of witte azijn

Voorbereiding

Fruit de uien en paprika in olijfolie tot ze glazig en lichtbruin zijn.

Voeg de overige ingrediënten toe en kook tot de uien goudbruin zijn. Zet op laag vuur opzij tot je klaar bent om over het varkensvlees te gieten.

75GEBRADEN VARKENSLEND MET UI EN KNOFLOOK

Varkenslende Assado

Er is niets eenvoudiger dan het gebruik van zout, peper, paprika, knoflook en olijfolie bij het bereiden van vlees. Ik heb uien toegevoegd om een zoete en hartige smaak toe te voegen aan dit klassieke varkensvleesgerecht. Als je een groot feest organiseert, gebruik dan een hele varkenslende en verdubbel de ingrediënten in het recept. Serveert 6-8

1 (4) pond varkenslende zonder been

1 eetlepel zout

6 teentjes verse knoflook (gehakt)

1 theelepel paprikapoeder

1 theelepel zwarte peper

1 grote ui, in plakjes gesneden

1 eetlepel olijfolie

Voorbereiding
Kruid het varkensvlees met zout, knoflook, paprikapoeder en peper en laat minimaal 1 uur of een hele nacht in de koelkast marineren.

Breng tijdens het koken op smaak met olijfolie en gesneden ui.

Rooster het varkensvlees ongeveer 1 uur en 15 minuten op 100°C en bedruip het elke 20 minuten met uiensaus.

Kook nog eens 15 minuten.

Wanneer de interne temperatuur 155 graden F bereikt, haalt u het braadstuk uit de oven en laat u het ongeveer 20 minuten rusten voordat u het aansnijdt.

76 TRASMONTANA-STIJL VARKENSVLEES- EN BONENSTEW

Transmontana-feest

Feijoada ontstond rond de 14e eeuw in de noordelijke regio van Portugal. In die tijd was er een tekort aan vlees omdat het werd geleverd om soldaten in oorlog te voeden. Arme boeren begonnen elk deel van het varken als hoofdbestanddeel van hun dieet te gebruiken, samen met gemakkelijk verkrijgbare bonen en kool. Over het algemeen wordt het gerecht bereid met witte bonen, maar in de regio Tras os Montes worden rode bonen gebruikt.

Dit recept is overgenomen van mijn broer John, een favoriet op het Matador-menu. Het is een perfecte publiekstrekker voor een feestje. Het past goed bij rijst, maar zorg ervoor dat je knapperige broodjes hebt om van de heerlijke saus te genieten. Serveert 4-8

2 pond babyruggen

1 chouriçoworst

1 pond bloedworst (indien gewenst)

1 pond (vermoedelijk gerookte schouder of gezouten buikspek gesneden in reepjes van 2 inch)

1 normale kool of kleine kool (gehakt)

2 wortels gesneden

1 grote ui fijngesneden

2 grote teentjes knoflook, fijngehakt

¼ kopje olijfolie

2 laurierblaadjes

1 eetlepel zout

1 theelepel zoete paprika

1 theelepel komijnpoeder

2 tot 3 grote 32 oz. blikjes gekookte rode bonen

½ kopje geplette tomaten

2 pond varkenshakken of knokkels en oren (indien gewenst)

Voorbereiding

De avond vóór het koken:

Kruid de ribben en het buikspek met zout. Was de schenkels in koud water, zout ze en bewaar ze een nacht in de koelkast, zodat ze het zout opnemen.

De volgende dag:

Kook de varkensschenkels in een grote pan met ongezouten water gedurende minimaal 1 1/2 uur of tot ze gemakkelijk te snijden zijn. Bewaar 2 kopjes bouillon voor later.

Fruit ondertussen de ui, knoflook en laurier in olijfolie gedurende ongeveer 5 minuten.

Voeg de ribben, buikspek en paprika toe. Laat ongeveer 5 minuten koken, al roerend om te voorkomen dat ze aan de pan blijven plakken.

Voeg 2 kopjes kookvocht van de knokkels toe en laat de ribben nog eens 20 minuten koken, af en toe roeren.

Voeg de rest van het vlees toe (chouriço, vermoedelijk, ham, knokkels), gehakte kool, wortels en tomatensaus.

Meng voorzichtig en laat ongeveer 30 minuten koken.

Voeg de rode bonen toe (voeg eventueel de bloedworst toe) en kook nog 10 minuten.

Roer de pot voorzichtig om, zodat de bonen of kool niet kapot gaan.

Serveer met Portugese rijst en knapperig brood.

Opmerking:

De volgende dag is het gerecht nog lekkerder, dus wees niet bang als je restjes overhoudt.

Als je merkt dat de stoofpot de volgende dag is ingedikt, voeg dan gewoon een beetje kokend water of bouillon toe om de saus te verdunnen.

77 PENS EN GESTOOFD WITTE BONEN

Dobrada

Dobrada wordt vaak "Tripas à moda do Porto" genoemd en komt oorspronkelijk uit de stad Porto. Tijdens de 15e eeuw werden de beste stukken vlees vanuit de stadsdokken naar troepen in oorlog in Afrika gestuurd, waarbij inferieure stukken vlees achterbleven. Met dit vlees zijn gerechten als deze gemaakt. Sindsdien is dit streekgerecht beroemd geworden en noemen de inwoners van de stad het vaak 'tripeiros'.

Ik heb dit familierecept in de loop der jaren aangepast door ribben toe te voegen, het favoriete stuk varkensvlees van mijn man en zoon.

Serveert 8-10

3 blikjes noordelijke witte bonen

1 pond varkensribbetjes (gehalveerd tot 3 of 4 inch)

1 pond of meer pens

1 pond varkenspoten (optioneel)

1 grote chouriço-worst (in plakjes van ¼ inch gesneden)

1 eetlepel zout

Peper

1 grote ui (gehakt)

¼ kopje olijfolie

4 teentjes knoflook (geplukt)

1 laurierblad

½ theelepel komijn

2 wortels (gesneden)

1 glas witte wijn

1 kopje gehakte tomaten

1 tot 2 kopjes kippenbouillon

1 theelepel paprikapoeder

Peterselie voor garnering

Voorbereiding

Dag vóór het koken:

Was de pens en varkenspoten. Zout de pens, varkenspoten en ribben en laat een nacht rusten in de koelkast.

Wanneer je klaar bent om je voor te bereiden:

Kook de pens en varkenspoten in kokend water in minimaal anderhalf tot twee uur gaar.

Eenmaal gekookt, verwijdert u het vlees en snijdt u de pens in stukken van 1 of 2 inch en de varkenspoten in stukken van 2 inch. Zet opzij en bewaar indien nodig 2 kopjes bouillon voor later.

Verhit de olijfolie in een grote, zware koekenpan. Voeg de uien, knoflook, wortels, laurier en komijn toe en bak ongeveer 5 minuten.

Voeg de ribben toe en bak ze ongeveer 10 minuten op middelhoog vuur. Voeg de tomaten, wijn en paprika toe en kook 5 minuten.

Voeg de bouillon, pens, varkenspoten, chouriço en bonen toe en kook op middelhoog vuur gedurende ongeveer 30 minuten, onder regelmatig roeren.

Proef en voeg indien gewenst extra kruiden toe.

Garneer met peterselie. Serveer met Portugese rijst en knapperig brood.

Opmerkingen:

Het kan zijn dat je een beetje van de bewaarde bouillon moet toevoegen als je de stoofpot te dik vindt.

Bewaar in de koelkast en als het te dik is geworden, voeg dan de volgende dag bij het serveren een beetje kokend water toe.

78GESTOKEN VARKENSVLEES MET AARDAPPELEN

Varkensvlees in Portuguesa

Dit recept is een bewerking van de klassieke Carne à Alentejana. Er worden geen mosselen gebruikt, maar de smaak is net zo intens. Serveert 6-8

2 pond varkenslende zonder been (in blokjes van 2 inch gesneden)

2 pond geschilde aardappelen (in blokjes van 1 inch gesneden)

1 kleine ui fijngehakt

2 teentjes knoflook fijngehakt

1 theelepel zout

¼ kopje olijfolie

1 laurierblad

1 kopje Vinho Verde of witte wijn

1 eetlepel gerookte paprikapoeder

1 kippenbouillonblokje

1 theelepel maïszetmeel

1 kopje water

2 theelepels piri piri of een hete saus

Doe het varkensvlees in een grote kom. Voeg zout, knoflook, piri piri, olijfolie, laurier en ½ kopje wijn toe. Meng goed en laat ongeveer een uur marineren. Laat een nachtje staan als de tijd het toelaat.

Als je klaar bent om het varkensvlees te koken, bak je de aardappelen goudbruin en zet je ze opzij.

Giet het varkensvlees af en bewaar de marinade.

Verwarm een grote koekenpan of wok op hoog vuur met ½ kopje olijfolie. Voeg de uien toe en kook ongeveer 1 minuut, voeg dan het varkensvlees toe. (Voeg nog geen vloeistof toe.) Laat het vlees aan alle kanten bruin worden en bak ongeveer 5 minuten.

Voeg desgewenst bouillon, water, wijn, marinade en meer hete saus toe. Kook ongeveer 5 minuten langer.

Meng in een kleine kom ½ kopje water met het maizena en roer tot het maizena oplost. Voeg de maizena toe aan het varkensvlees en kook gedurende 5 minuten tot het dikker wordt.

Voeg de aardappelen toe aan het varkensvlees, meng en kook op laag vuur gedurende ongeveer 2 minuten.

Garneer naar smaak met olijven, koriander en augurken.

79DROGE PORTUGESE VARKENSRIBS

Costela de Porco Assada

Deze ribben zijn sappig en zacht en het vlees valt van het bot. De simpele kruiden knoflook, paprika, zout en peper zijn de perfecte combinatie om het simpel te houden. Serveer met geroosterde aardappelen of rijst. Serveert 6-8

1 rek varkensribbetjes (3 tot 4 pond)

2 theelepels zout

2 teentjes knoflook (gehakt)

2 theelepels paprikapoeder

1 theelepel knoflookpoeder

1 theelepel komijn

1 theelepel zwarte peper

¼ glas witte wijn

1 eetlepel piri piri of tabascosaus (optioneel)

1 eetlepel olijfolie

Voorbereiding

Doe alle kruiden behalve de wijn in een kleine kom en meng goed.

Maak de ribben nat met de witte wijn en knoflook en laat een paar minuten rusten. Wrijf het mengsel in met het kruidenmengsel en laat het minimaal 2 uur staan, maar het is het beste om het een nacht in de koelkast te laten marineren.

Haal de ribben 30 minuten voor het koken uit de koelkast om op kamertemperatuur te komen en plaats ze op een bakplaat.

Besprenkel de karbonades met de olijfolie. Bak op 325 F gedurende 2 uur, of tot het gaar is en het vlees van het bot valt.

Opmerking:

Je kunt deze ribben ook op de buitengrill bereiden. Kook ze op middelhoog vuur en draai ze elke 5-10 minuten totdat ze goudbruin zijn.

Test de ribben door een ribbe door te snijden. Als het mes gemakkelijk door de rib snijdt, is het klaar.

80GEBRADEN VARKENSSCHOUDER MET GEROOSTERDE AARDAPPELEN

Pernil Assado met Batatas

Dit recept voor varkensschouder is gemakkelijk te maken op een luie zondag, omdat je het gewoon in de oven schuift en het kookt vanzelf. Het varkensvlees is sappig en smaakvol. Je hebt genoeg restjes voor de volgende dag. Trek het varkensvlees in stukjes met een vork en maak een van de favoriete sandwiches met pulled pork van mijn familie op een knapperig Portugees broodje.

Serveert 10-12

1 verse varkensschouder (6 tot 8 pond).

2 eetlepels zeezout of koosjer zout

1 theelepel versgemalen peper

3 teentjes knoflook (gehakt)

1 grote ui (gehakt)

3 grote wortels (in vieren gesneden)

1 laurierblad

6 tot 8 aardappelen (in blokjes gesneden)

1 eetlepel olijfolie

1 theelepel paprikapoeder

1 glas witte wijn

Voorbereiding

Laat het varkensvlees minimaal 30 minuten rusten om op kamertemperatuur te komen voordat u het klaarmaakt.

Verwarm de oven voor op 400 graden F.

Was en droog uw schouder. Leg het op een snijplank en snijd het in de schil, zorg ervoor dat je niet in het vlees snijdt. Kruid het varkensvlees met zout. Leg het vel met de velzijde naar boven en plaats het in een grote ovenschaal met olijfolie. Kook onafgedekt gedurende 30 minuten tot de schil begint te barsten en bruin wordt.

Verlaag na 30 minuten het vuur tot 325 graden. Dek af met deksel of zeer strak met zware aluminiumfolie en bak gedurende 2 uur.

Haal het na 2 uur uit de oven en bestrijk het varkensvlees met de paprika, knoflook en uien. Voeg de wortels toe aan de pan, gelijkmatig rond het varkensvlees en bedruip met panresten. Voeg de wijn toe en meng.

Dek het varkensvlees af en laat het gedurende 1 uur op 180 graden koken. Na 1 uur invetten met panresten.

Verdeel de aardappelen gelijkmatig rond het varkensvlees en bestrijk ze met het residu. Als je ziet dat de sappen zijn opgedroogd, voeg dan nog een beetje wijn toe.

Dek af en kook nog eens 45 minuten op 325 graden.

Laat het varkensvlees 10 minuten rusten voordat u het aansnijdt.

81PORTUGESE Biefstuk En EIEREN

Bife à Portuguesa

Dit klassieke steakgerecht vind je op de kaart van vrijwel ieder Portugees restaurant. Wat dit gerecht zo lekker maakt is de combinatie van rode wijn, knoflook en olijfolie waardoor er een rijke saus ontstaat die over de biefstuk en het ei wordt gegoten. Serveert 2

2 (8-ounce) entrecote (½ tot 1 inch dik)

4 teentjes knoflook (in plakjes gesneden)

zout

Peper

2 eieren

1 eetlepel olijfolie

4 of 6 kleine aardappelen (geschild en in plakjes van ¼ inch of gewone sneden gesneden)

Olie voor het bakken van aardappelen

Wijnreductie:

2 eetlepels olijfolie

2 eetlepels boter

½ glas rode wijn

Voorbereiding

Kruid de steaks met peper en zout en laat een nacht of minimaal 1 uur marineren.

Bak de aardappelen in kokende olie, giet ze af, breng op smaak met zout en houd ze warm in de oven.

Bak de steaks met knoflook in een hete pan met 1 eetlepel olijfolie gedurende 3 minuten aan elke kant. Haal het uit de pan en voeg de ingrediënten voor de wijnreductie toe. Kook de reductie tot de helft is ingekookt.

Doe de steaks terug in de pan op laag vuur met de reductie.

Kook ondertussen 2 eieren met de zonnige kant naar boven in een aparte kleine koekenpan met anti-aanbaklaag.

Verwarm een grote serveerschaal in de oven. Schik de biefstuk in het midden van het bord, omringd door de frietjes. Leg op elke steak een ei. Giet de saus uit de pan over de biefstuk en de eieren. Breng op smaak met meer zout en peper. Garneer eventueel met peterselie.

Opmerking:

Dit gerecht wordt meestal geserveerd met Portugese rijst.

82 KRUIDIGE RUNDVLEESSPIESJES

Spetada de Bife met Piri Piri

Deze rundvleesspiesjes zijn eenvoudig te bereiden voor buitenkoken. De geroosterde zoete ui en chilipeper verzachten de kruidigheid van de piri piri. Serveer met rijst voor een perfecte combinatie. Serveert 4-6

2 pond entrecote of ossenhaas (ongeveer 6-8 gram per persoon)

1 grote ui

1 grote rode of groene paprika

1 theelepel zout

1 theelepel peper

2 geperste teentjes knoflook

1 theelepel paprikapoeder

1 tot 2 theelepels piri piri of hete saus

2 eetlepels olijfolie

Boter of margarine

Spiesjes

Opmerking:

Week de houten spiesen 30 minuten in water voordat u de spiesen klaarmaakt.

Snijd de biefstuk en de groenten in blokjes van 5 cm en breng op smaak met zout, peper, knoflook, 1 eetlepel olijfolie en hete saus.

Bereid de kebab door de biefstuk en de groenten in afwisselende rotaties aan de spiesjes te prikken. Dek af en laat 1 à 2 uur in de koelkast marineren.

Wanneer u klaar bent om te koken, haalt u de spiesjes uit de koelkast en laat u ze 10 minuten rusten. Bestrijk met de resterende olijfolie.

Verwarm de grill voor op middelhoog vuur en bak de spiesjes in ongeveer 8-10 minuten goudbruin, afhankelijk van je grill.

Schik op een warme schaal. Bestrijk met boter en dek af met aluminiumfolie. Laat 2 à 3 minuten rusten.

83CHOURIÇO OMELETTE

Chouriço-omelet

De eenvoudige chouriço-omelet is erg populair. Het is heerlijk, eenvoudig te maken en perfect voor ontbijt, snelle lunch of zelfs diner. Gegrilde chouriço geeft de eieren een zoete en pittige paprikasmaak. Serveert 2-4

6 eieren

½ pond chouriço (in plakjes)

1 kleine ui (gehakt)

1 eetlepel peterselie (gedolven)

1 eetlepel water

2 eetlepels olijfolie

¼ kopje geraspte kaas

1 kleine rijpe tomaat

zout

Peper

1 kleine tomaat (gehakt) (optioneel)

Voorbereiding

Klop de eieren in een grote kom los met het water en breng op smaak met zout en peper.

Verhit de olie in een pan met antiaanbaklaag op middelhoog vuur. Voeg de ui toe en bak tot hij glazig is. Voeg de chouriço toe en bak op middelhoog vuur tot hij aan elke kant lichtbruin is.

Voeg de losgeklopte eieren voorzichtig gelijkmatig over de chouriço toe.

Laat de eieren koken terwijl u de gekookte eieren voorzichtig losmaakt van de zijkanten met een spatel, zodat de rauwe eieren naar de zijkanten kunnen ontsnappen. Wanneer de onderkant van de omelet goudbruin is, dek je de pan af met een plat bord dat groot genoeg is om de pan te bedekken.

Draai de omelet om, met de rauwe kant naar beneden, en laat nog een paar minuten koken.

Garneer met peterselie, voeg zout en peper toe.

Serveer warm of koud.

De Portugese liefde voor desserten met eieren begon eeuwen geleden. Er wordt aangenomen dat het wijdverbreide gebruik van eieren in desserts te wijten was aan het proces waarbij Portugese wijnhuizen eiwitten gebruikten om wijnen te klaren. De wijnmakerijen schonken de vele eierdooiers die daarbij overbleven aan de kloosters, die desserts bereidden om geld in te zamelen voor de armen in de gemeenschap.

84PORTUGESE ROOMTAARTJES

Pastéis de Nata

Deze gebakjes zijn waarschijnlijk het favoriete en populairste dessert. Als je dit recept eenmaal hebt uitgeprobeerd en hebt ervaren hoe gemakkelijk ze thuis te maken zijn, koop je ze nooit meer bij de bakker.

Voordat we beginnen, wil ik de geschiedenis van dit beroemde dessert, dat meer dan 200 jaar geleden werd gemaakt, met je delen.

Portugese eiervlataartjes, bekend als Pastéis de Belem, zijn beroemd in veel landen over de hele wereld. De originele Pastéis de Belem werd voor het eerst gemaakt in het Jerónimos-klooster in Belem, Lissabon in 1837.

Casa Pasteis de Belem ligt in de stad Belem in Lissabon, Portugal. De officiële naam van de stad is "Santa Maria de Belem", maar heet "Belem". De naam "Belem" komt van het Portugese woord "Bethlehem".

Veel banketbakkers hebben geprobeerd het recept tevergeefs te repliceren. De even beroemde; "Pasteis de Nata", de copycat-versie, is een beroemde vervanger van het origineel geworden in elke Portugese bakkerij in heel Portugal en in veel andere landen over de hele wereld.

De naam van de banketbakkerij werd in 1911 geregistreerd, wat betekent dat het bedrijf de enige is die de beroemde snoepjes met die naam mag noemen.

Ik raad u aan dit recept een paar keer te maken, zodat u het kunt aanpassen aan uw oventemperatuur en kooktijd.

Ze maken er ongeveer 20

1 pond ontdooid bladerdeeg (uw plaatselijke bakker verkoopt het misschien of vindt het in het vriesgedeelte van uw supermarkt)

2 kopjes volle melk (moet volle melk zijn, geen magere of magere melk)

1 ½ kopje suiker

½ kopje bloem

1 kopje water

2 plakjes citroenschil

1 kaneelstokje

7 extra grote eidooiers (kamertemperatuur)

Kaneel voor garnering

Voorbereiding

Bereid de vormpjes en het muffindeeg voor:

Vet de muffinvormpjes goed in met margarine. De mallen moeten van aluminium of roestvrij staal zijn. Gebruik geen bakplaten met antiaanbaklaag. Je kunt ook kleine bakvormen gebruiken. Het bladerdeeg moet ontdooid maar erg koud zijn. Gebruik geen heet deeg.

Leg het deeg op de snijplank en rol het uit tot een dikte van 1/8 inch. Knip cirkels met de juiste diameter uit voor de bodem van de muffinvormpjes en de zijkanten.

Vorm het kruimeldeeg tot schelpjes in de vormpjes. Ik vind het gemakkelijker om de ronde vorm uit te snijden dan om deze individueel vorm te geven.

Als u merkt dat het deeg te heet wordt, plaats het dan een paar minuten in de koelkast om af te koelen

Bereid de suikersiroop:

Verhit het water en de suiker in een pan op middelhoog vuur en roer goed. Laat het suikerwater aan de kook komen en laat nog 3 minuten koken. Haal van het vuur, laat afkoelen.

Instructies voor het vullen van de crème:

Doe ¾ kopje melk in een grote kom. Voeg de bloem toe en klop tot een gladde massa. Opzij zetten.

Verwarm ondertussen de resterende melk met de citroenschil en het kaneelstokje. Wanneer de melk kookt, voeg je het melk- en bloemmengsel toe en blijf goed kloppen tot het weer kookt. Opzij zetten.

Laat het melk- en bloemmengsel 10 minuten volledig afkoelen in de koelkast.

Voeg de suikersiroop in een zeer fijn straaltje toe aan het melkmengsel en blijf kloppen tot je een romig mengsel verkrijgt.

Giet de custard door een fijne zeef om eventuele klontjes op te vangen.

Giet de eierdooiers door een fijne metalen zeef. Voeg de eidooiers toe aan de afgekoelde melk en klop goed tot het mengsel glad en romig is.

Giet het eimengsel in de met deeg beklede schaaltjes of blikken tot ze ongeveer ¾ inch vol zijn.

Koken:

Bak in een voorverwarmde oven van 485 graden F gedurende 20 tot 25 minuten tot de vla borrelt en goudbruin is.

Controleer je taartjes na 15 minuten en om de paar minuten om er zeker van te zijn dat ze niet verbranden. Laat de taartjes ongeveer 10-15 minuten afkoelen.

Bestrooi indien gewenst met kaneel voor het serveren.

Opmerking:

Het kan langer duren voordat taarten in Ramekins gaar zijn.

Afhankelijk van je oven is de custard mogelijk niet verbrand van kleur, waardoor je hem langer moet bakken.

85 PORTUGESE SPONGCAKE

Pao de Lo

Deze lichte en luchtige cake is de bekendste en favoriete cake in onze keuken. Deze cake is vrijwel vetvrij omdat er in het recept geen olie, boter of bakvet wordt gebruikt.

De taart was een paar jaar geleden een groot succes, met Kerstmis, toen ik hem samen met het receptenboek en de pan om hem te bakken cadeau gaf. Voor 1 taart - Voor 10-12 personen

10 gigantische eieren (kamertemperatuur)

1 ½ kopje suiker

2 kopjes gezeefde bloem

¼ theelepel zout

1 theelepel bakpoeder

1 theelepel geraspte schil (optioneel)

Opmerking:

Ik heb een Silk Poinsettia-plant gebruikt. Gebruik geen echte kerststerren, deze zijn giftig.

De eieren moeten op kamertemperatuur zijn. Plaats de koude eieren ongeveer 15 minuten in een kom met warm water voordat u het recept bereidt.

Aluminium pannen werken het beste om te koken.

Gebruik een grote pan met 12 koppen.

Voorbereiding

Klop de eieren in een grote kom schuimig. Voeg de suiker toe en klop minimaal 20 minuten tot het beslag erg dik wordt. Voeg desgewenst op dit punt citroen toe.

Opmerking: Klop slechts 10 minuten als u een Kitchenaid-mixer gebruikt tot er stijve pieken ontstaan.

Terwijl de eieren kloppen, zeef je de bloem, het zout en het bakpoeder in een kleine kom.

Voeg het bloemmengsel ¼ kopje per keer toe op zeer lage snelheid of roer het door met een spatel. Dit proces duurt slechts 3 tot 5 minuten.

Beboter en bebloem een grote buispan en bekleed de bovenrand met bakpapier. Giet het deeg voorzichtig in de pan en zorg ervoor dat het deeg niet leegloopt.

Bak op 350 graden F gedurende 45 minuten of totdat een tandenstoker er schoon uitkomt.

Laat de cake ongeveer 10 minuten afkoelen voordat je hem uit de vorm haalt.

Verwijder het bakpapier en plaats op de serveerschaal.

86ZOETE RIJSTBRUID MET CITROEN

Arroz Doce

Kaneel werd begin 16e eeuw ontdekt door Portugese handelaren in Ceylon, bekend als; het huidige Sri Lanka. Tegenwoordig wordt de specerij gebruikt in veel eierrijke Portugese desserts en ook in hartige gerechten. Deze rijstpudding is gemaakt met melk, kaneel en citroenschil.

Serveert 8-10

3 kopjes volle melk (kokend)

3 eierdooiers

1 kopje rijst (bij voorkeur korte korrel)

2 kopjes water

½ theelepel zout

1 of 2 plakjes citroenschil

1 kopje kristalsuiker

½ kaneelstokje

Kaneelpoeder

Breng het water, het kaneelstokje, het zout en de citroenschil in een grote, zware pan aan de kook. Voeg de rijst toe, breng aan de kook en kook op middelhoog vuur tot al het water verdampt is.

Voeg de hete melk toe en kook gedurende minimaal 25 minuten op laag vuur, af en toe roerend.

Voeg de suiker toe, meng en kook nog 5 minuten en haal de pan van het vuur.

Klop ondertussen de eidooiers los. Temper de eieren door een paar eetlepels rijstmengsel aan de eieren toe te voegen en goed te mengen.

Voeg de eieren toe aan de rijst en meng goed in de pan.

Opmerking:

Zorg ervoor dat de rijst niet kookt, maar laat de eieren ongeveer 1 minuut koken in de hete rijst.

Haal van het vuur. Verwijder de citroenschil en het kaneelstokje.

Giet het mengsel in een platte serveerschaal en garneer met gemalen kaneel.

87 ENGELENHAAR PASTA ZOET

Aletria

Dit dessert met eiernoedels, geserveerd met Kerstmis en bij speciale gelegenheden, is gemaakt met dezelfde basisingrediënten als de immer populaire Arroz Doce, rijstpudding. Serveert 8-10

7 kopjes volle melk

6 eieren

1 ½ kopje suiker

1 theelepel zout

1 kaneelstokje

2 plakjes citroenschil

1 pakje (12 ounces) extra fijne eiernoedels

Voorbereiding

Giet de melk, suiker, zout en kaneelstokje in een grote pan en breng onder voortdurend roeren aan de kook.

Klop ondertussen de eieren in een kleine kom en voeg langzaam een beetje opgewarmde melk toe aan de eieren en meng. Opzij zetten.

Breek de tagliatelle in stukjes en voeg ze toe aan de kokende melk. Roer voortdurend totdat de tagliatelle gaar is en haal van het vuur.

Voeg langzaam het eimengsel toe aan de gekookte noedels en meng.

Verwijder de citroenschil en het kaneelstokje.

Giet het mengsel in een grote serveerschaal en laat volledig afkoelen.

Bestrooi of versier met kaneel en serveer.

88GEBRADEN DEEGWAREN MET SUIKER EN KANEEL

Filhosen

De filhóses worden bereid door het gerezen deeg in partjes uit te rollen en deze vervolgens in kokende olie te bakken. Veel gezinnen hebben hun eigen recepten en zetten de traditie van het bereiden van dit dessert van generatie op generatie voort. Gebak is erg populair op feestdagen zoals Pasen, Kerstmis, Nieuwjaar en vele feesten. Ze maken er ongeveer 3 dozijn

9 kopjes bloem voor alle doeleinden

1 kopje suiker

1 ½ theelepel zout

6 eieren

1 stokje margarine (8 eetlepels)

1 theelepel citroen- of sinaasappelschil

2 kopjes volle melk

¼ kopje vers sinaasappelsap

Olie om te frituren (maïsolie of plantaardige olie is beter)

Ingrediënten voor het maken van zuurdesem:

3 eetlepels bloem

½ theelepel suiker

2 pakjes droge gist

½ kopje warm water

Voorbereiding

Eerste stap:

Meng de ingrediënten met de zuurdesemstarter en zet opzij tot er belletjes ontstaan.

Tweede stap:

Doe de melk en de boter in een pan op laag vuur tot de boter is gesmolten.

Meng in een grote kom de eieren, zout, suiker, citroenschil en sinaasappelsap. Klop met een elektrische garde gedurende 2 minuten.

Voeg de melk en de boter toe en mix gedurende 30 seconden. Voeg het gist- en bloemmengsel toe en kneed goed tot je een elastisch en soepel deeg verkrijgt.

Dek af en laat 30 minuten rusten. Neem het deeg, dek het af en laat het rijzen tot het in volume verdubbeld is.

Verhit de olie in een frituurpan tot 375 graden.

Rol de stukken deeg uit tot dunne reepjes van de gewenste grootte van ongeveer 3 x 4 inch.

Bak tot ze goudbruin zijn. Laat uitlekken op absorberend papier. Bestrooi met kristalsuiker